W0265853

Udo Sierck

Budenzauber Inklusion

mit farbigen Illustrationen
von Nati Radtke

Impressum

1. Auflage 2013

ISBN 978-3-940 865-57-1

Satz und Umschlaggestaltung: Nati Radtke
Illustration und Titelbild: Nati Radtke
Herstellung: Digitaldruck leibi.de, Neu-Ulm

Zu bestellen über den Buchhandel oder direkt bei:
AG SPAK Bücher
Burlafinger Str. 11
89233 Neu-Ulm
Fax 07308/919095
E-Mail: spak-buecher@leibi.de
Internet: www.agspak-buecher.de

Auslieferung für den Buchhandel: SOVA, Maintal, Fax (06181) 9088073

Bibliografische Informationen Der Deutschen Bibliothek

Die Deutsche Bibliothek verzeichnet diese Publikation in der Deutschen Nationalbibliografie. Detailierte bibliografische Daten sind im Internet unter: http://dnb.de abrufbar.

Inhalt

Vorwort

Die Ratifizierung der UN-Konvention für die Rechte behinderter Menschen hat quer durch die politischen Parteien und bei den Behindertenverbänden euphorische Reaktionen ausgelöst. Manche sahen darin einen „großen Wurf“ oder gar einen „revolutionären Schub“. Nur selten sind die Versuche, die Perspektiven der Inklusion, also der vorbehaltlosen Zugehörigkeit und gleichberechtigten Teilhabe aller behinderten Personen in der Gesellschaft, in den Kontext der realen Sozial- und Wirtschaftspolitik zu stellen.

Ist für behinderte Menschen in Zeiten der allseits proklamierten Inklusion das Paradies zum Greifen nahe? Oder ist es nicht viel mehr so: Die Bemühungen um Integration sind gescheitert, deshalb versuchen wir es jetzt mit dem Ansatz der Inklusion. Denn ohne Zweifel ist es ein Fortschritt, dass die Forderung behinderter Menschen auf Teilhabe zum Menschenrecht erhoben wurde. Aber die 'Allgemeine Erklärung der Menschenrechte' hat immerhin seit 1948 Geltung.

Entweder – so wäre daraus zu folgern – ist diese Erklärung für behinderte Menschen bedeutungslos, so dass eine Sonderkonvention her muss. Oder aber das verbreitete Bewusstsein hat Personen mit Behinderung bis heute nicht als vollwertige und gleichberechtigte Mitglieder der Gesellschaft akzeptiert. Vieles spricht für diese Behauptung. Zur Veränderung von Bewusstseinslagen sind Konventionen und Gesetze wenig geeignet. Sie sind hilfreiches Instrument für die juristischen oder parlamentarischen Auseinandersetzungen. Der Alltag verlangt mehr.

Allein der Anblick von ungewöhnlichen Körperhaltungen und Körperbewegungen löst Abwehr und Furcht aus. Und diffuses Mitleid, das nur durch das äußere Erscheinungsbild gespeist wird. Furcht und Mitleid sind Formen der Abwertung und Entwürdigung, die diejenigen treffen, die willkürlich gesetzte (Schönheits-)Ideale nicht erfüllen. Ich sehe keine Anzeichen einer Entwicklung, die Körperkult und Jugendwahn bremsen würde.

Attraktives Aussehen von Frauen und Männern wird immer mehr zu einem wichtigen Faktor für das Erreichen von privaten Zielen und gesellschaftlich anerkannten Positionen. Inklusion hin oder her.

„Stell Dir vor, es ist Inklusion und niemand ist mehr da!“ – dieser Satz ist mit Blick auf die ‚Eugenik von unten’ so unsinnig nicht: Immerhin neun von zehn Frauen entscheiden sich inzwischen bei der Diagnose ‚Trisomie 21' zum Schwangerschaftsabbruch. Und der Genforscher Hans-Hilger Ropers vom Berliner Max-Planck-Institut für molekulare Genetik behauptete Ende 2011, fünfzig neue genetische Ursachen für geistige Behinderung entdeckt zu haben, so genannte Gendefekte, die für Autismus, Schizophrenie oder Epilepsie verantwortlich sein sollen. Beim Blick in die nahe Zukunft schwebt Ropers ein einziger diagnostischer Test für alle genetisch bedingten Formen der geistigen Behinderung vor – nicht zuletzt zur Entlastung der Krankenversicherungen.

Führten solche Einlassungen zu Zeiten der Bemühungen um Integration vor zwanzig, dreißig Jahren noch zu heftigen Protesten, so bleibt in Zeiten der beschworenen Inklusion kaum mehr als ein Achselzucken. Stattdessen schaut man fortschrittsberuhigt den ‚Tatort' oder geht zum RAP-Konzert nicht ohne bewundernd zu erwähnen, dass die Hauptakteure die ‚Trisomie 21' besitzen. Dass dieses Verhalten der Überhöhung aufgrund eines körperlichen Merkmals mit Inklusion nichts zu tun hat, ist zweitrangig, es bemerkt ja niemand.

Der Inklusionsgedanke wird fälschlicherweise primär auf behinderte Kinder und Schüler bezogen, obwohl auch hier nach einer aktuellen Umfrage der ‚Aktion Mensch' nur acht Prozent der befragten Erwachsenen angaben, in Bildungseinrichtungen regelmäßig Kontakt zu Menschen mit Behinderung zu haben. „Schafft mehr Arbeitsplätze für Behinderte!" fordert (stellvertretend für andere Parteien) die Hamburger FDP – im Jahr 1981 oder im Jahr 2012? Richtig, in beiden Jahren. Geändert hat sich allerdings in diesem Zeitraum, dass die Zahl der Arbeitslosen mit Behinderungen kontinuierlich gestiegen ist. Gleichzeitig nehmen die Plätze in den aussondernden Werkstätten für behinderte Menschen unaufhörlich zu. Es wird interessant zu beobachten sein, wie die Träger dieser Einrichtungen künftig diesen Umstand mit ihren Sonntagsreden zur Inklusion vereinbaren wollen.

Abzuwarten bleibt auch, was die Inklusion für jene Menschen bedeutet, die rund um die Uhr auf Pflege oder Assistenz angewiesen sind, die keine Möglichkeiten der üblichen Kommunikation besitzen oder ihren Alltag mit einem Unterbringungsbeschluss in Institutionen verbringen. Zum deutschen Alltag gehört es jedenfalls, dass körperlich behinderte Erwachsene gegen ihren Willen in ein Heim eingewiesen werden, weil das zuständige Amt die Kosten des selbst bestimmten Wohnens im Stadtteil scheut. Die noch weiter gehende Perspektive der Heimunterbringung im Alter wird aus der öffentlichen Inklusionsdebatte ausgeblendet, obwohl sie kein reines ‚Behindertenproblem' ist und den Fürsorgemarkt der Zukunft darstellt.

Bei der in Fachkreisen ausgebrochenen Inklusions-Euphorie wird gern übersehen, dass die gesellschaftliche Tendenz in die gegenteilige Richtung hin zu einer tatsächlichen oder möglichen Ausgrenzung geht. Immer häufiger werden „überflüssige" Menschen vom sozialen Aus bedroht. Unbeabsichtigte Exklusion ist längst kein Phänomen mehr, das ausschließlich Randgruppen trifft. Diese Entwicklung kennzeichnet der regelrechte Boom der Tafel-Bewegung: Viele behinderte Menschen sind bei ihrer Ernährung auf die Versorgung durch Tafeln angewiesen und empfinden dies als diskriminierend. Waren es 1994 erst vier, so ist die Zahl der Tafeln derzeit auf über 800 angestiegen.

Aktuelle Untersuchungen stellen schließlich beunruhigende Zeichen einer Bereitschaft zur Abwertung von behinderten, obdachlosen und bettelnden Personen fest: Fast ein Drittel der Deutschen stimmte in einer Untersuchung unter der Leitung Wilhelm Heitmeyers an der Universität Bielefeld tendenziell der Aussage zu, dass die Gesellschaft sich Menschen, die wenig nützlich sind, nicht länleisten kann. Und der Vorgabe ‚Für Behinderte wird in Deutschland zu viel Aufwand betrieben' stimmten 2011 immerhin 7,7 Prozent der Befragten zu, die Aussage ‚Viele Forderungen der Behinderten finde ich überzogen' fanden 11,3 Prozent der Interviewten richtig. Vielleicht bemerkenswerter als diese Angaben aus der Langzeitstudie ist die Tatsache, dass diese Zahlen zur Abwertung behinderter Menschen mit dem Aufkommen der Inklusionsdebatte anwuchsen. Tatsächlich geht die Furcht vor dem eigenen sozialen Abstieg mit der Meinung einher, die ‚sozial Schwachen' sollten endlich ihr Leben selbst in die Hand nehmen.

Der positiv besetzte und mit großen Zielen verbundene Fachbegriff der Inklusion wird in der Regel nicht hinterfragt. Eine kritische Würdigung erschien allerdings in der kleinen Zeitschrift der deutschen Behindertenbewegung, dem ‚Newsletter Behindertenpolitik'. Der Autor Volker van der Locht widmete sich der Etymologie des Wortes: „In der mittelalterlichen Kirche gab es die so genannten Inklusen (Eingeschlossenen). Das waren nach übereinstimmender Aussage verschiedener Lexika Mönche oder Nonnen, die sich freiwillig einschließen oder gar einmauern ließen, um sich in Askese oder Gebet zu versenken. In dem Begriff steckt auch die Silbe ‚kluse'. Aus ihr haben sich die Wörter Klause und Kloster entwickelt – just die Institution, die für die Separierung behinderter Menschen das Modell abgab. Inklusion bedeutet also nicht Einbeziehung in das große Ganze, sondern Wegschließen von der Welt."

Neben dieser Begriffsklärung stellen sich genauso wie bei der Integration grundsätzliche Fragen: Wer bestimmt, ob Inklusion gelungen oder gescheitert ist? Und wie lässt sich Inklusion denken, ohne die Besonderheit des Anderen zum Verschwinden zu bringen? Erinnert sei an Theodor W. Adornos Warnung, dass in der Betonung der Gleichheit der Menschen ein unterschwelliger Totalitätsgedanke mitschwingt, dem nur durch die Akzeptanz der Vielfältigkeit und Verschiedenheit zu begegnen sei. Insofern müsste der Inklusionsgedanke akzeptieren, dass Menschen das Gegenteil dieser Idee anstreben: Die Freiheit zum selbst gewählten Ausschluss, zur Exklusion.

Diese Auseinandersetzung und Fragestellung hat immer auch den Integrationsansatz kritisch begleitet. Ich habe vor mehr als zwanzig Jahren formuliert: „Das schöne Wort ‚Integration' sollte näher betrachtet werden. Alle Integrationsmodelle werden gemacht, und zwar von nicht behinderten Eltern, Lehrerinnen und Lehrern, Fachleuten. Sie bestimmen, welche behinderten Kinder oder Erwachsenen wann, wo, warum oder überhaupt integriert werden, sie sind es selbstverständlich auch, die beurteilen, ob diese Versuche als gelungen oder fehlgeschlagen gelten. Das Normalitätsdenken, der ständige Konfliktbereich zwischen behinderten und nicht behinderten Menschen, fällt in den Beurteilungen und Überlegungen einseitig unter den Tisch – wer die Macht der Normalität auf seiner Seite weiß, hinterfragt sie nicht. Als integriert gilt folglich, wer sich so verhält, wie es vorgezeichnet und erwartet wird. Damit übt der unreflektierte Integrationswille einen enormen Anpassungsdruck aus auf die Werte und Normen der Leistung, des Verhaltens oder des Aussehens. Sich dem zu beugen setzt für behinderte Menschen die Verleugnung von Teilen ihrer Identität voraus. Das hat mit gleichberechtigten Möglichkeiten und selbstbewussten Handeln nichts zu tun."

In diesem Sinne eine Antwort auf die moderne Frage: Wird alles gut, wenn die Inklusion umgesetzt ist? Die Behindertenbewegung hat in ihren Anfängen provokativ behauptet: „Behinderung ist schön!“ Auf die Gegenwart bezogen kann von gelungener Inklusion nur gesprochen werden, wenn die Allgemeinheit behinderte Körper als schön empfindet. Bis dahin aber, so meine ich, ist es noch ein sehr, sehr langer Weg.

Quellenangaben:

* Agentur für Arbeit Hamburg, Pressekonferenz 31.01.2012, Arbeitsmarktbericht
* Exklusion. Die Debatte über die „Überflüssigen“ hrsg. von Heinz Bude und Andreas Willich, Frankfurt a.M. 2008
* Claus-Peter Görlitzer, Wozu eigentlich ? Genforscher wollen „50 neue genetische Ursachen für geistige Behinderung“ entdeckt haben. In: Newsletter Behindertenpolitik, Dezember 2011
* Wilhelm Heitmeyer (Hg), Deutsche Zustände. Folge 10, Berlin 2012
* kobinet-nachrichten v. 23.02.2012, Deutschland und Inklusion: Umfrage der Aktion Mensch
* Christian Mürner/Udo Sierck, Behinderung. Chronik eines Jahrhunderts, Weinheim 2012
* Stefan Selke, Schamland. Die Armut mitten unter uns, Berlin 2013
* Timot Szent-Ivanyi, Unterernährt, wundgelegen, festgeschnallt. in: Frankfurter Rundschau vom 25.04.2012
* Volker van der Locht: Wider die Inklusion und Integration, in: Newsletter Behindertenpolitik, Nr. 43, 2008
* Holger Wittig-Koppe, Fritz Bremer, Hartwig Hansen (Hg.), Teilhabe in Zeiten verschärfter Ausgrenzung. Kritische Beiträge zur Inklusionsdebatte, Neumünster 2010

Die Behindertenbewegung auf dem Weg zur Inklusion

Wenn heute von behinderten Menschen die Rede ist, fallen wie selbstverständlich die Worte Selbstbestimmung, Integration und Inklusion. Das war nicht immer so. Vor nicht allzu langer Zeit wurde Behinderung zuerst mit Sorgenkind und Hilfsbedürftigkeit assoziiert. Die Wandlung der Perspektive wäre allerdings ohne die Entstehung der Selbstbestimmt-Leben-Bewegung nicht denkbar.

Ein kurzer Blick zurück auf das Jahr 1981: Die Öffentlichkeit staunte nicht schlecht, als die zentrale offizielle Eröffnungsfeier zum ‚Jahr des Behinderten' in der Dortmunder Westfalenhalle empfindlich gestört wurde, weil Behinderteninitiativen mit einer Bühnenbesetzung das ohne kritische Anmerkungen geplante Spektakel der selbsternannten Behindertenexperten und Funktionäre anprangerten. Statt den verharmlosenden offiziellen Slogan ‚Miteinander leben – einander verstehen' zu teilen, stand auf Plakaten zu lesen: ‚Jedem Krüppel seinen Knüppel!' und „Funktionäre feiern sich und ihre guten Taten – deshalb müssen Krüppel ihnen eins überbraten!". Der ungewöhnliche Protest war der ‚Tagesschau' ein Aufmacher wert.

Die Bürger verstanden die Welt nicht mehr, als im gleichen Jahr in Bremen die Krüppelgruppe im Foyer des Rathauses mit einem Hungerstreik begann, um der Forderung nach Umrüstung des öffentlichen Nahverkehrs Nachdruck zu verleihen. Unsanft endete eine andere Aktion: Die Hamburger Krüppelgruppe hatte sich im Rathaus angekettet, um gegen die Aussonderung bei Bus und Bahn zu protestieren. Nachdem die Ergebnisse des Gespräches mit dem Bürgermeister Klaus von Dohnanyi ergebnislos verlaufen waren, rief dieser die Ordnungshüter zur Hilfe. Die Reaktion auf das Aufbegehren behinderter Frauen und Männer schwankte zwischen Verblüffung und Faszination und ging in Unverständnis über, als Franz Christoph, provokanter Thesengeber der Krüppelszene, auf einer Rehabilitationsmesse in Düsseldorf dem damaligen Bundespräsidenten Karl Carstens die Krücke an das Schienbein schlug. Der Hieb zielte auf die Wohltäter, die von Integration und Miteinander redeten, die offene und versteckte Diskriminierung behinderter Personen aber nicht wahr haben wollten. Diese Aktion machte nicht zuletzt deshalb Furore, weil sie die Seite 1 der ‚Bild'-Zeitung zierte. Und das 'Krüppel-Tribunal' prangerte ein Wochenende lang mit Erfahrungsberichten, Referaten und Spielszenen Menschenrechtsverletzungen im Sozialstaat an.

Es kam den Fachleuten der Behindertenhilfe nicht in den Sinn, dass behinderte Menschen für sich selber sprechen können. Munter wurde jedes Thema über die Köpfe der Betroffenen hinweg diskutiert. Da halfen weder Appelle noch wirkte gutes Zureden. Deshalb verhinderte die Hamburger Krüppelgruppe ein Expertenhearing zur Sexualität Behinderter, wie es seiner Zeit geschlechtsneutral hieß. Denn unter den geladenen Fachleuten befand sich selbstverständlich weder eine behinderte Frau noch ein behinderter Mann. Und als die Protestierenden wissen wollten, warum die Experten behinderte Menschen und nicht sie selbst zum Thema machen wollten, war die Veranstaltung sehr schnell beendet. Dass behinderte Frauen und Männer in eigener Sache reden und die Fragestellung umkehren, war fern des Denkbaren. Und doch war dies das hervorstechende Merkmal der jungen emanzipatorischen Behindertenbewegung.

Die Medien waren dankbar für solche Aktivitäten. Denn eines war neu: Da gab es plötzlich behinderte Personen, die dem Bild des lieben, braven und angepassten Musterbehinderten widersprachen und eigene Vorstellungen formulierten. Sie nannten sich irritierend selbstbewusst Krüppel oder Krüppelfrau und provozierten gezielt Verunsicherung. Aus der kritischen Reflexion des normalisierenden Alltags entstand die Behauptung: „Behinderung ist schön!“ und ergänzte sich mit Auseinandersetzungen um den ‚goldenen Käfig’ – der Ablehnung der Sondereinrichtungen von der Wiege bis zur Bahre.

Die erste Krüppelgruppe hatte sich 1977 in Bremen gegründet, die in Hamburg ein oder zwei Jahren später. Ein Diskussionsforum bildete die bundesweit vertriebene ‚Krüppel-Zeitung’, eine Publikation, die schon auf Grund des Namens Aufsehen erregte. Bis dahin war es völlig selbstverständlich, dass in Initiativen mit behinderten und nicht behinderten Mitgliedern die Nichtbehinderten den Ton angaben und von außen als Ansprechpartner gesucht wurden. Die behinderten Personen dienten mehr oder weniger als soziales Beiwerk. Diese immer wiederkehrende Situation forcierte die Entstehung von Krüppelgruppen: Jetzt mussten die Nichtbehinderten draußen bleiben. Gleichzeitig wirkte die Selbstbezeichnung ‚Krüppel’ als Provokation. Sie erregte Aufmerksamkeit, ohne die über das traditionell geprägte Verhältnis zwischen behinderten und nicht behinderten Personen kein Disput möglich gewesen wäre.

Mit Normalität und Bevormundung sollte gründlich gebrochen werden, Was die Mitglieder der Krüppelgruppen verband, waren zunächst Alltagserfahrungen: Wenn sie als Kind auf den Spielplatz gegangen waren oder später in die Kneipe, standen sie ungewollt ständig im Mittelpunkt. Und zwar nicht im positiven Sinn, sondern als Attraktion: Behinderte Menschen bewegen sich anders, sie sprechen anders, sie essen oder trinken anders.

Die Krüppelgruppen kehrten diese Realitäten offensiv um und kritisierten im Gegenzug die Werte der Normalität mit ihren lieb gewonnen Denkgewohnheiten.. Dabei stieß die Umkehrung regelmäßig auf großes Unverständnis. Oft kam die Aufforderung: „Gebe doch zu, du wärst auch lieber nicht behindert!“ Da blieb nur die Antwort: Keine Ahnung, wie es sich als Nichtbehinderter lebt. Nicht die Behinderung ist das Problem, sondern die Reaktion auf sie. Auf diesem neuen Selbstverständnis basierte die weitere Entwicklung der Selbstbestimmt-Leben-Initiativen.

Als wichtiges Element der Selbstbestimmung entpuppte sich die zunächst vorsichtige Beschäftigung mit den Körperidealen. Es war ein heikles Thema, das einen zwar auf

Schritt und Tritt verfolgte, dessen Beschäftigung aber auch nach der Bewertung der gängigen Ideale und Normen verlangte. Um dieses einigermaßen selbstbewusst anzugehen und öffentlich zu äußern, war es Voraussetzung, sich mit den eigenen Wertehierarchien in Bezug auf Körper und Ästhetik auseinanderzusetzen.

Die eigene Art der Fortbewegung wird nicht mit Behinderung in Verbindung gebracht, weil sie selbstverständlich rund um die Uhr vonstatten geht. Wenn man sich aber unverhofft im Schaufenster spiegelt, schleicht sich der unangenehme Gedanke des Andersseins an. Das eigene Erscheinungsbild, die eigenen Bewegungen weichen ganz offensichtlich von der Normalität der Umgebung ab. Daran gibt es nichts zu deuteln und es hilft kein Herumreden. Das Sichtbare zu akzeptieren und nicht selbst zu erschrecken und zu verstecken, diese Position zu bewahren und die Kompetenz im alltäglichen Handeln zu behalten – das waren Kernpunkte der Idee von einem selbstbestimmten Leben.

Die Aktiven der emanzipatorischen Behindertenbewegung erkannten schnell, dass Kritik und Protest die eine – notwendige – Sache war, die andere Seite aber nach sinnvollen Gegenmodellen verlangte. Die Blicke und etliche Aufenthalte gingen in die USA, das als Vorbild für den organisierten Zusammenschluss behinderter Menschen galt. Die dortige Independent-Living-Bewegung entstand in Zusammenhang mit der allgemeinen Bürgerrechtsbewegung insbesondere auch der schwarzen US-Amerikaner in den sechziger Jahren. Im Jahr 1962 gelang es dem schwer behinderten Ed Roberts, sich die Zulassung zur Universität in Berkeley zu erkämpfen. Weitere behinderte Studenten folgten erfolgreich diesem Beispiel. Ihre politische Arbeit mündete 1972 in der Gründung des ersten ‚Center for Independent Living' im kalifornischen Berkeley. Formuliert wurde der zentrale Ansatz, dass diejenigen, die die Bedürfnisse behinderter Menschen am besten kennen und wissen, wie diese Bedürfnisse am besten befriedigt werden können, die behinderten Personen selbst sind.

Was in den USA funktionierte, sollte auch hierzulande möglich sein. In dieser Konsequenz öffnete im Oktober 1986 das erste bundesdeutsche ‚Zentrum für selbstbestimmtes Leben' in Bremen seine Türen. Kurze Zeit später folgten mit ‚Autonom Leben' in Hamburg und dem Kölner Zentrum weitere Projekte mit dem Ansatz, dass behinderte Erwachsene ihre Erfahrungen und ihr Wissen an andere Betroffene weiter geben. Gegenwärtig haben sich gut zwei Dutzend Beratungsstellen im Dachverband 'Interessenverband Selbstbestimmt Leben in Deutschland e.V. – ISL' zusammengeschlossen. Die Zentren haben sich vielfach zu Anlaufstellen entwickelt, die inzwischen von der etablierten Behindertenhilfe respektiert werden. Aber angesichts knapper Haushaltsmittel steht regelmäßig die Frage nach dem ökonomischen Überleben auf der Tagesordnung – ein mühseliges Geschäft, das Zeit und Energien frisst.

Praktisch umgesetzt wurden mit den Zentren theoretische Überlegungen aus den örtlichen Krüppelgruppen oder emanzipatorischen Behinderteninitiativen, wie sich gegen Bevormundung und Aussonderung durch die selbsternannten nicht behinderten Stellvertreter zur Wehr zu setzen sei. Der zentrale Ansatz dieser Beratungsstellen ist es, die eigene Kompetenz als behinderte Person an andere behinderte Menschen zu vermitteln und diese zur Handlungsfähigkeit zu ermutigen. Im Mittelpunkt der Beratung stehen Fragen zur Mobilität, Möglichkeiten des Wohnens und der Freizeitgestaltung oder sozialrechtliche Informationen sowie zur Sicherstellung der Pflegeassistenz jenseits der Heimunterbringung. Behinderung wird nicht als medizinisches Problem erörtert, sondern als eine Eigenschaft, mit der diverse Hürden im Alltag zu nehmen sind. Auf diesem Weg soll die größtmögliche Kontrolle über jede Handlung gewährleistet bleiben. Behinderte Menschen sind Experten in eigener Sache, es gilt, Zuversicht in die eigenen Stärken zu gewinnen.

Da das Wort ‚Selbstbestimmung' nicht geschützt ist, gehen viele Organisationen mit diesem Etikett spazieren. Die Selbstbestimmt Leben-Initiativen besitzen hingegen eindeutige Kriterien: Zunächst muss sicher gestellt sein, dass alle Entscheidungskompetenzen in den Händen oder Füßen von Menschen mit Behinderungen liegen. Dann soll mindestens drei Viertel der bezahlten oder ehrenamtlichen Tätigkeiten in der Verantwortung behinderter Personen liegen. Und schließlich sollen im Sinne des Selbstvertretungsprinzips Versammlungen, Verhandlungen und öffentliche Auftritte ausschließlich von behinderten Frauen und Männern wahrgenommen werden.

Wie ein roter Faden durchzieht sich in der Selbstbestimmt-Leben-Bewegung die Auseinandersetzung mit der Abhängigkeit von Hilfe, die häufig von Machtstrukturen geprägt sind und Fremdbestimmung produziert. Als eine Antwort auf die bedrohliche Aussicht der

Heimeinweisung nahm vor fast zwanzig Jahren die „Hamburger Assistenz Genossenschaft" ihren Geschäftsbetrieb auf. Sie wurde von behinderten Personen aus der Selbstbestimmt-Leben-Bewegung entsprechend dem Bremer Modell ins Leben gerufen. Gegenwärtig existieren in Deutschland in etwa ein Dutzend Betriebe in dieser Form der selbst verwalteten persönlichen Assistenz für pflegeabhängige Menschen.

Neu an dieser Entwicklung ist, dass die behinderten Personen, also die Assistenznehmer, entscheiden, welche Personen sie wann und wo und in welcher Weise unterstützen. Durch diesen Ansatz besitzen die betroffenen behinderten Frauen und Männer die Personal- und Anleitungskompetenz. Hilfsabhängig zu sein ist nicht länger gleichbedeutend mit der Situation, zum fremdbestimmten Objekt degradiert zu werden. Die Assistenz wird überall und bei Bedarf rund um die Uhr erbracht, womit die Entscheidungshoheit nicht nur im häuslichen Umfeld, sondern genauso für die Bereiche Ausbildung und Arbeit, Freizeit und Kultur gesichert bleibt.

Großer Jubel brach bei den Selbstbestimmt-Leben-Initiativen aus, als Ende 1994 im Artikel 3 des Grundgesetzes der Satz eingefügt

Weste. Diese Sichtweise ist allerdings nicht mehr haltbar.

Über das NS-Regime äußerte sich Polligkeit zunächst fast euphorisch: Er hoffte auf den „Wiederaufstieg Deutschlands", er sah die Chance der „sittlichen Erneuerung" und einer neuen Ordnung, „die dem deutschen Volk als Ganzem und jeden Deutschen den gebührenden Lebensraum gibt". In der Folgezeit geriet der Deutsche Verein in Konkurrenz zu Organisationen wie der NSV oder dem Hauptamt für Volkswohlfahrt, die den Deutschen Verein zu einer wissenschaftlichen Fachorganisation herabstufen wollten. Als im Sommer 1936 der Sitz des Deutschen Vereins nach Berlin verlegt wurde, blieb Polligkeit trotz des Angebots des Geschäftsführerpostens in Frankfurt und wurde beurlaubt. In diesem Schritt hat die bis vor wenigen Jahren übliche Darstellung ihren Ursprung, Polligkeit hätte seither im NS-Regime keine bedeutenden Aktivitäten mehr entwickelt.

Die minutiösen Archivrecherchen der Inklusionspädagogin Anne-Dore Stein ergeben jedoch eindeutig, dass Wilhelm Polligkeit nicht aus seiner Tätigkeit für den Deutschen Verein vertrieben wurde, sondern sein Abschied das Ergebnis um Einflusssphären kämpfen-

wurde: „Niemand darf wegen seiner Behinderung benachteiligt werden.“ Die Selbstbestimmt-Leben-Initiativen sowie alle etablierten Behindertenorganisationen feierten den Zusatz als großen politischen Erfolg. Immerhin hatte der Behindertenaktivist Gusti Steiner schon 1974 das im Grundgesetz fehlende Diskriminierungsverbot moniert. Es waren dann wesentliche Teile der Selbstbestimmt-Leben-Bewegung, die sich nach amerikanischem Vorbild für ein Antidiskriminierungsgesetz erfolgreich engagierten.

Doch machte sich schnell Ernüchterung breit: Das Diskriminierungsverbot hinterließ wenig Spuren im Alltag. Im Gegenteil muss die Selbstbestimmt-Leben-Bewegung spätestens seit den neunziger Jahren sich gegen Stimmen behaupten, die behinderten Menschen das Existenzrecht absprechen. Die mit dem Namen des australischen Bioethikers Peter Singer verknüpfte Debatte führte zu nachhaltigen Protesten, erinnert behinderte Menschen aber auch daran, dass Selbstbestimmung nicht mit grundlegender Akzeptanz zu verwechseln ist.

Neue Hoffnung im Sinne dessen, Behinderung als Thema der Menschenrechte einzuordnen, weckt die Ratifizierung der UN-Konvention für die Rechte behinderter Menschen. In weiten Teilen der Konvention lassen sich die Forderungen und Ideen der jungen Behindertenbewegung entdecken. Die Perspektiven der angestrebten Inklusion, also der vorbehaltlosen Zugehörigkeit und der gleichberechtigten Teilhabe aller behinderter Personen in der Gesellschaft, sehen im Kontext der realen Sozial- und Wirtschaftspolitik indes weniger rosig aus. Doch zweifelsfrei schreibt die UN-Konvention allgemein gültige Menschenrechte für behinderte Personen fest. Von diesem Ansatz aus betrachtet sind behinderte Menschen nicht länger Objekte von Wohltätigkeit und Fürsorge, sondern Personen mit selbstverständlichen Rechten.

In diesem Sinne Denkanstöße und langwierige Veränderungen zu provozieren, diese Chance bietet die Behindertenrechtskonvention. Da aber Papier bekanntlich geduldig ist, ist eine starke Selbstbestimmt-Leben–Bewegung notwendiger denn je.

Literatur:

* Christian Mürner/Udo Sierck, Krüppel-Zeitung. Brisanz der Behindertenbewegung, Neu-Ulm 2010
* Swantje Köbsell, Wegweiser Behindertenbewegung. Neues (Selbst-)Verständnis von Behinderung, Neu-Ulm 2012
* Christian Mürner/Udo Sierck, Behinderung. Chronik eines Jahrhunderts, Weinheim/Basel 2012

Von der
Wohltäter-Mafia zur
Inklusionsmafia

Am 5.November 1976 erschien in der Tageszeitung ‚Die Welt' unter der Überschrift „Genetische Beratungsstellen können Leid verhindern" ein Loblied auf die Möglichkeiten der Pränataldiagnostik. Das Fazit vom Artikel fiel eindeutig aus: „Gar nicht hoch genug einzuschätzen wäre der soziale und menschliche Gewinn. Wenn durch geeignete genetische Beratung die Geburt eines einzigen mongoloiden Kindes verhindert werden kann, wird Unglück von einer Familie abgewendet." Der Zeitungsartikel dokumentiert, dass es wieder an der Zeit war, die Selektion vom behinderten Nachwuchs öffentlich als Wohltat zu deklarieren.

Nahezu zeitgleich machten Slogans die Runde wie ‚Eineinander verstehen – miteinander leben!' oder ‚Jeder ist ein Teil des Ganzen!'.

Mit diesen Ausrufen wollte die etablierte Behindertenfürsorge der Öffentlichkeit vorgaukeln, dass Dank ihrem unermüdlichen Wirken behinderte Menschen ganz selbstverständlich am allgemeinen Alltagsgeschehen teilnehmen können. Diese Einschätzung der selbsternannten Wohltäter deckte sich allerdings nicht mit den Erfahrungen von behinderten Kindern und Jugendlichen, Frauen und Männern: Sie sahen sich mit einem System der Aussonderung konfrontiert, das häufig den Lebensweg vorzeichnete: Vom Sonderkindergarten ging es in die Sonderschule mit dem nahtlosen Übergang in die Werkstatt für Behinderte, gewohnt wurde entweder als ‚ewiges Kind' bei den Eltern (bis diese starben) oder gleich im Sonderwohnheim. Und diese Institution war noch anstrebenswerter als das Dasein in Anstaltsghettos mit angegliedertem Sonderfriedhof.

Die Aussonderung von der ‚Wiege bis zur Bahre' war der reale Kern in der Sonntagsrede vom ‚Teil des Ganzen' – das bittere Stück vom schönen Kuchen. Dennoch taten die Funktionäre von Behindertenverbänden und Schönfärber aus der Sozialpolitik so, als sei alles gut und als wären die behinderten Menschen über kurz oder lang und mit etwas Geduld vollwertige Mitglieder der Gesellschaft.

Diese Geduld mochte die junge politische Behindertenbewegung nicht aufbringen. Sie entlarvte die salbungsvollen Worte ihrer Gönner als verlogenes Geschwätz und forderte konkrete Taten statt Warten. Und sie wandte sich den handelnden Personen bei der Ausrichtung der bundesdeutschen Behindertenpolitik zu – den Experten in den Behindertenvereinen und in karitativen Verbänden, den Kinderärzten, Psychiatern oder Neurologen in den mildtätigen Stiftungen, den Zusammenschlüssen der Behindertenvertretungen und den Leitern von Kliniken und Anstaltsabteilungen.

Ein Ausgangspunkt für die Beschäftigung mit der Geschichte der Wohltätigkeit war die Auseinandersetzung mit den ‚Euthanasie'-Aktionen und Zwangssterilisationen während des nationalsozialistischen Regimes. Insbesondere stellte sich die Frage nach gedanklichen und personellen Kontinuitäten oder Brüchen. Die Recherchen stießen auf etliche (Schreibtisch-)Täter, die am Aufbau der Be:-hindertenfürsorge in der Bundesrepublik Deutschland intensiv beteiligt waren und als angesehene Repräsentanten moderner Sozialpolitik galten. Die ersten Hinweise auf ihre Taten in der Vergangenheit stießen zumeist auf Unverständnis und Ablehnung. Inzwischen sind viele Fakten publiziert und die sozialhistorische Forschung geht der Frage nach, wie es möglich ist, das anerkannte Fachleute der Fürsorge Ideen der Selektion im Einzelfall sowie in bevölkerungspolitischen Maßstäben entwickeln.

Mit diesem Blickwinkel soll an dieser Stelle exemplarisch die Person Wilhelm Polligkeit vorgestellt werden, einer zentralen Figur der deutschen Fürsorgegeschichte. Denn es scheint so zu sein, dass im angeblichen Zeitalter der Inklusion historische Fragestellungen auf Desinteresse stoßen, bevor umfassende Forschungsergebnisse für die Wirkungsgeschichte in Deutschland vorliegen.

Wilhelm Polligkeit, geboren 1876, übernahm schon im Kaiserreich vielfältige Aktivitäten im Bereich der Jugendhilfe, der Fürsorge für Trinker, für Gemüts- und Nervenkranke, für Kinderreiche oder ab 1915 der Kriegsfürsorge. Er war schon früh das, was man heute einen Multifunktionär nennen würde. Folgerichtig sitzt er seit 1911 im Hauptausschuss des Deutschen Vereins für Armenpflege und Wohltätigkeit, dem späteren Deutschen Verein für öffentliche und private Fürsorge, dessen ersten Vorsitz er ab 1922 inne hat. Seine Fähigkeiten auf dem Gebiet effektiver Sozialplanung führten zu einer Vielzahl an Ämtern und Beteiligung in Ausschüssen, Organisationen und Institutionen der Fürsorge der Weimarer Republik. Seit 1929 war er Honorarprofessor an der Frankfurter Universität, wo er bis 1945 zu Jugend- und Familienrecht sowie zu sozial- und wirtschaftswissenschaftlichen Themen lehrte. Sein Wissen wurde in der jungen Bundesrepublik geschätzt, er galt mit Blick auf das NS-Regime als Mann mit weißer

Uhr auf Pflege oder Assistenz angewiesen sind. So darf, wer seine Hilfe über einen ambulanten Dienst oder in einem Heim erhält, seine vertraute Assistenz nicht mit ins Krankenhaus nehmen. Dadurch treten „große Probleme auf, weil das Personal im Krankenhaus oftmals mit dem erhöhten Pflegebedarf völlig überfordert ist – was im Einzelfall Konsequenzen bis hin zur Todesfolge hatte.“ 4)

Zum deutschen Alltag gehört, dass körperlich behinderte Erwachsene gegen ihren Willen in ein Heim eingewiesen werden, weil das zuständige Amt die Kosten des selbstbestimmten Wohnens im Stadtteil scheut. Die noch weiter gehende Perspektive der Heimunterbringung im Alter wird aus der öffentlichen Inklusionsdebatte ausgeblendet, obwohl sie kein reines ‚Behindertenproblem’ ist und den Fürsorgemarkt der Zukunft darstellt. So tauchen in der Werbung für lukrative Geschäftsmodelle Heime als Investitionsobjekte auf. Die Geldanlage 'Pflege' sichert Wachstum und Rendite, stationäre Einrichtungen bieten staatlich garantierte Mieteinnahmen bei perspektivisch steigender Nachfrage.

In Deutschland gibt es mehr als 16.000 Pflege- und Behindertenheime. Der UN-Ausder konkurrierender Organisationen im NS-Staat war. Polligkeit wollte vielmehr kein untergeordnetes ‚Rädchen im Getriebe' sein. Von seinem Standort in Frankfurt publizierte und arbeitete Polligkeit aber munter weiter. So versammelte er 1938 in dem Band ‚Der nichtseßhafte Mensch' namhafte Kriminalbiologen, Strafrechtler oder Psychiater und vertrat angesichts der von sozialer Verelendung Betroffenen die Überzeugung: „Der hervorstechende Wesenszug des bettelnden Verbrechers ist der, dass er ein Verbrecher ist, der planmäßig und auch rücksichtslos auch schwerere Straftaten begeht, arbeitsscheu ist, wenn er keine Gelegenheit zu Diebstählen und Betrügereien findet, vom Bettel lebt oder die öffentliche Fürsorge missbraucht. (...) Hier kann nur ein scharfes Durchgreifen der Polizei und der Strafrechtspflege ... Abhilfe schaffen", wie „die seit 1933 erlassenen Gesetze uns Handhaben zur Ausmerzung solcher Volksschädlinge gegeben haben."

Wilhelm Polligkeit benannte in seiner Argumentation oftmals fürsorgerische Elemente, ordnete diese aber bevölkerungspolitischen Lösungsversuchen unter. In diesem Zusammenhang fügte sich die Position Polligkeits, man müsse die „Notwendigkeit der Unfruchtbarmachung prüfen",um „zu verhindern, dass erblich belastete Verbrechersippen entstehen". Oder seine Forderung nach mehr Pflegeheimen für ältere Menschen, die er allerdings aufstellte, weil er deren zügige Räumung aus ihren Wohnungen zu Gunsten junger, „erbbiologisch" einwandfreier Familien mit Kindern für sinnvoll hielt.

Wilhelm Polligkeit war kein Mitglied der NSDAP. Nach seinem Verständnis verlangten die Problemlösungen in der Fürsorge nach keinem parteipolitischen Engagement, sondern nach einem immer loyalen Staatsdiener mit einem streng wissenschaftlichen Herangehen.
Hier offenbart sich der Widerspruch zwischen der „umfangreichen Erfassung sozialer Tatbestände" als Grundlage einer sozialwissenschaftlichen Tätigkeit und „dem völligen Ignorieren der Konsequenzen, die aus der gründlichen Erfassung, Systematisierung bis hin zu Typologisierungsversuchen ... in der NS-Zeit gezogen werden."

Diese Verwissenschaftlichung des Sozialen führte dazu, dass Polligkeit über das Frankfurter Soziographische Institut unter der Leitung von Ludwig Neundörfer in die Aktivitäten für den ‚Generalplan Ost' involviert war. Der ‚Generalplan Ost' sah – verkürzt gesagt – die Eliminierung der ‚minderwertigen' Bevölkerung in den eroberten Ostgebieten bei gleichzeitiger Ansiedlung ‚wertvoller' Menschen aus den Städten und ländlichen Regionen des ‚Altreiches' vor. Der Plan beinhaltete den Massenmord etwa in Polen wie gleichzeitig die Hoffnung auf die Lösung von sozialen Fragen in den Ballungsgebieten des ‚Dritten Reiches'. Polligkeit etablierte sich in der begleitenden Forschung für die neue Raum- und Menschenordnung.

Dennoch galt jahrzehntelang Wilhelm Polligkeit als Leitfigur des Deutschen Paritätischen Wohlfahrtsverbandes (DPWV), dessen Ehrenvorsitzender er seit Wiedergründung des Verbandes 1949 war. Nach Bekanntwerden der gezielten und ganz bewussten Forschungsarbeiten Polligkeits für die nationalsozialistische Raum- und Bevölkerungspolitik erfolgte die Distanzierung, die Zentrale des Paritätischen, das Wilhelm-Polligkeit-Institut in Frankfurt, wurde inzwischen umbenannt.1)

In diesem – exemplarischen – Sinne verwies die Behindertenbewegung auf Spuren der Vergangenheit und kontinuierliches Denken. Es konnte nachgewiesen werden, dass die Idee von der notwendigen Selektion präsent war. Etliche Interessenvertreter entpuppten sich als Förderer genetischer Beratung.

Angesichts dieser Gemengelage wurde der Begriff von der ‚Wohltäter-Mafia' geprägt. 2)

Gemeint war damit ein Geflecht aus subjektiv fürsorglichen Anliegen mit dem ungebrochenen und der Zeit angepasstem Setzen auf Selektionsmaßnahmen, ökonomisches Kalkül verband sich mit einem Menschenbild, das in der behinderten Person nur das zu verhindernde Übel sah und vor körperverletzenden Eingriffen nicht zurückschreckte. Selbstbestimmung und Kompetenz in eigener Sache kamen in diesem Blickwinkel nicht vor. Gravierend bei der Analyse dieser Situation war die belegbare Diskrepanz zwischen Reden und Handeln, zwischen Schein und Sein – eine Diskrepanz, die nur wenigen aufzufallen und noch wenigeren zu stören schien.

Konsequenterweise formulierte die politische Behindertenbewegung die Forderung nach der Auflösung aller Sondereinrichtungen, sehr zum Verdruss jener, die als Träger dieser Institutionen fungierten oder in ihnen ihren Arbeitsplatz besaßen. Die Auseinandersetzung mit den bedrohlichen Perspektiven der humangenetischen Praktiken verlangte als Ergebnis die Schließung aller genetischen Beratungsstellen als eine moderne Variante der Selektion vom Nachwuchs mit bestimmten Besonderheiten. Eine der Begründungen: Zukünftig werden behinderte Menschen zusätzlich das Stigma tragen, nicht rechtzeitig erkannt worden zu sein. Aus gegenwärtiger Sicht ist die Prophezeiung wahr geworden, berichten doch immer häufiger Mütter mit einem behinderten Kind von der irritierten Frage von Nachbarn oder Verwandten, ob ‚das' denn heute noch sein muss. Die Humangenetiker dagegen können zufrieden sein und sich verbale Behindertenfreundlichkeit leisten. Denn die Perspektive aus dem Paradigmawechsel gegen Ende der fünfziger Jahren hat sich weitgehend erfüllt, die ‚Eugenik von unten' ist im Alltag angekommen: Immerhin neun von zehn Frauen entscheiden sich inzwischen bei der Diagnose ‚Trisomie 21' nach einer Beratung zum Schwangerschaftsabbruch. Stimmen aus der Behindertenbewegung melden Zweifel an der Behauptung an, dass es eine objektive Beratung geben könne. Denn dagegen spricht allein schon die Erfahrung, regelmäßig mit abwertenden Reaktionen und Ansichten konfrontiert zu werden – trotz aller Ansätze, die Theorie und Praxis von Normalisierung und Integration versprachen.

Über Erreichtes und Vergebliches zu reflektieren, scheint ohnehin ‚Schnee von gestern' zu sein. Denn spätestens seit der Verabschiedung der UN-Konvention für die Rechte behinderter Menschen macht ein neues Zauberwort die Runde: Inklusion. Jeder Behindertenverein oder Sozialverband, der etwas auf sich hält, beschwört dieses Wort und schreibt es in seine umformulierten Satzungen. Keine Rede von einem Funktionär, in der nicht drei Mal die Inklusion beschworen wird. Und laut Berichten und Papieren aus Verwaltung und politischen Gremien steht eines kurz bevor – die Inklusion.

Dichtung und Wahrheit liegen auch in der Behindertenpolitik eng beieinander. Seltsamerweise ist dies aber ein Gebiet, in dem die Augen besonders gern verschlossen werden und Sprachkosmetik hoch im Kurs steht (sehr beliebt sind Anleihen aus dem Englischen, die niemand recht übersetzen kann, jedoch modern klingen: Community Care und Empowerment für alle!): Aus Anstalten werden Stiftungen, die Sonderschule nennt sich Förderschule, die Werkstatt für Behinderte heißt heute Werkstatt für behinderte Menschen – geändert hat sich für die dort Arbeitenden allerdings nichts. Von tariflicher Entlohnung ist keine Spur. Geändert hat sich allerdings in diesem Zeitraum, dass die Zahl der Arbeitslosen mit Behinderungen kontinuierlich gestiegen ist. Gleichzeitig nehmen die Plätze in den aussondernden Werkstätten unaufhörlich zu und haben bald die Grenze von 300.000 überschritten, obwohl viele behinderte Personen dort gar nicht arbeiten wollen. Die Träger dieser Einrichtungen, beispielhaft seien die große Elternorganisation ‚Lebenshilfe' oder die evangelische Stiftung Alsterdorf genannt, tragen ungeachtet dessen die Inklusion als Aushängeschild vor sich her.

Die Lebenshilfe Salzburg hat die Anleitung ‚selbst gemacht. Ein inklusives Kochbuch' auf den Markt gebracht. Da drängt sich die spöttische Frage auf: Soll hier die unabdingbare Zusammengehörigkeit von Auberginen, Bohnen, Erbsen und Zucchini in einer Bratpfanne bewiesen werden? Schon ernster ist ein anderes Beispiel, in dem die Aussonderung mit modernem Vokabular ins Gegenteil verkehrt wird: Die Pressesprecherin der Bundesarbeitsgemeinschaft der Werkstätten für behinderte Menschen behauptete, dass diese Arbeitsstätten ein wichtiger Beitrag zur Inklusion seien, sie gäben den Behinderten ein Gefühl der Integration – so die Sprecherin. 3) Fakt ist: Die Idee der Inklusion wird ohne zu Zögern in das bestehende Aussonderungssystem integriert.

Abzuwarten bleibt auch, was die Inklusion für jene Menschen bedeutet, die rund um die

schuss für wirtschaftliche und kulturelle Rechte hat bereits im Jahr 2001 „menschenunwürdige Zustände in deutschen Pflegeheimen“ gerügt und diese Kritik zehn Jahre später wiederholt. 5)

Das Wegblicken an dieser Stelle hat zur Folge, dass vielfach nicht einmal die Grundsätze der Menschenrechte garantiert werden: Jeder fünfte Heimbewohner erlebt ohne rechtliche Grundlage Beschränkungen seiner Freiheit durch verschlossene Türen, Bettgitter oder Fixierungen. Und immerhin zwanzig Prozent der Insassen bekommen ungenügend zu essen und zu trinken, weil sie dabei auf Assistenz angewiesen sind. 6)

Da ist es nur konsequent, wenn die Heime zusätzlich kontrolliert werden sollen. Und zwar – so der Plan der Justizminister – von der unabhängigen 'Nationalen Stelle zur Verhütung von Folter'. Die Mitarbeiter dieser Einrichtung besuchen bisher bereits stichprobenartig Institutionen der Freiheitsentziehung wie Polizeistationen, Gefängnisse und geschlossene Abteilungen der Psychiatrie, um Misshandlungen aufzuspüren.

Die verbreitete Ignoranz gegenüber den Zuständen in Heimen ergänzt sich mit beunruhigenden Zeichen einer Bereitschaft zur Abwertung von Personen, die behindert oder obdachlos sind oder die betteln: Fast ein Drittel der Deutschen stimmte in einer Untersuchung unter der Leitung Wilhelm Heitmeyers an der Universität Bielefeld tendenziell der Aussage zu, dass die Gesellschaft sich Menschen; die wenig nützlich sind, nicht mehr leisten kann. Und der Vorgabe ‚Für Behinderte wird in Deutschland zu viel Aufwand betrieben' stimmten 2011 immerhin 7,7 Prozent der Befragten zu, die Aussage ‚Viele Forderungen der Behinderten finde ich überzogen' fanden 11,3 Prozent der Interviewten richtig. 8)

Eine im Frühjahr 2012 vorgestellte Studie des Interdisziplinären Zentrums für Frauen- und Geschlechterforschung an der Universität Bielefeld präsentiert ebenfalls erschreckende Zahlen. Nahezu alle 1.500 befragten Frauen mit unterschiedlichen Behinderungen bestätigen psychische Verletzungen wie Beleidigungen, Demütigungen und Drohungen. Etwa zwei- bis dreimal häufiger als nicht behinderte Frauen erlebten behinderte Frauen sexualisierte Gewalt, insbesondere gehörlose Frauen. Jede zweite von ihnen berichtete von solchen Übergriffen, häufig erfahren in Internaten.

Die Wissenschaftlerinnen betonen denn auch, dass die geschlossenen Systeme in der Behindertenarbeit die Gefahr von Gewalt und Unterdrückung forcieren. Die strukturelle Gewalt in Heimen missachtet oft die Privatsphäre: Jede fünfte Frau hat in den Institutionen kein eigenes Zimmer und die Mitbewohnerinnen werden ohne Rücksicht auf Sympathie oder Abneigung zugeteilt. An Rückzugsmöglichkeiten mangelt es. Diese Varianten der Unterdrückung individueller Rechte ergänzt sich laut der Studie mit der sexualisierten Gewalt an behinderten Frauen. Diese können sich in der Regel nicht aussuchen, ob sie von einer männlichen oder weiblichen Pflegeperson gewaschen oder angekleidet werden wollen. In diesem Verhältnis werden sexuelle Übergriffe zum notwendigen Pflegeritual erklärt, die Abhängigkeit vom Heimpersonal lässt für Protest wenig Spielraum. 9)

Die Untersuchung rührt an einem Tabu der Behindertenhilfe, das in den Sonntagsreden zur Inklusion nicht vorkommt. Physische und psychische Gewalt werden zwar von behinderten Frauen und Männern benannt, aber von den selbsternannten Experten in Behindertenverbänden oder kommunalen Trägern nicht zum vorrangigen Thema gemacht. Verschwiegen wird lieber auch, dass über 90

Prozent der jährlichen Ausgaben der Eingliederungshilfe für behinderte Menschen in den stationären Sektor fließen – entgegen der gesetzlichen Vorgabe, die ‚ambulant' statt ‚stationär' fordert. 10) Es hat den Anschein, als wäre aus der ‚Wohltäter-Mafia' eine ‚Inklusions-Mafia' geworden.

Anmerkungen:

1) Anne-Dore Stein, Die Verwissenschaftlichung des Sozialen. Wilhelm Polligkeit zwischen individueller Fürsorge und Bevölkerungspolitik im Nationalsozialismus, Wiesbaden 2009
2) Nati Radtke/Udo Sierck, Die Wohl-Täter-Mafia. Vom Erbgesundheitsgericht zur humangenetischen Beratung, 5.erw.Neuaufl., Frankfurt a.M. 1989
3) Frankfurter Rundschau v. 28.November 2012
4) Corina Zolle, Pionierarbeit für ein selbstbestimmtes Leben. in: Dr.med.Mabuse – Zeitschrift für alle Gesundheitsberufe, Sept./Okt. 2012, S.39
5) Zit. in der Petition ‚Hilfe daheim statt Milliarden für Heime – UN- Konvention in Deutschland umsetzen!'. abgerufen unter www.avaaz.org/de/petition/Baustopp_für _Heim_Behindertenrechtskonvention...vom 20.10.2012
6) Timot Szent-Ivanyi, Unterernährt, wundgelegen, festgeschnallt. in: Frankfurter Rundschau vom 25.04.2012
7) Mira Gajevic,Folterstelle soll Heime kontrollieren. in: Frankfurter Rundschau v. 12.06.2013
8) Wilhelm Heitmeyer (Hg), Deutsche Zustände. Folge 10, Berlin 2012
9) Vgl. Rebecca Maskos, Übersehene Gewalt. in: Mondkalb - Zeitschrift für das Organisierte Gebrechen, Nr. 01/2012
10) Die Zahl stammt aus dem Jahr 2004. zit. in: Ottmar-Miles-Paul, Daheim statt Heim. in: Dr.med.Mabuse – Sept./Okt. 2007, S.32

Geschäftsinteressen
und
Sondereinrichtungen

Fast niemand kennt sie, aber es gibt sie wirklich – die Institution namens Inklusionsbeirat. Der Inklusionsbeirat samt seiner zahlreichen Fachausschüsse ist dem 'Beauftragten der Bundesregierung für die Belange behinderter Menschen' beigeordnet. In dem Beirat treffen sich in trauter Runde etablierte Behindertenpolitik mit Initiativen der Selbsthilfe sowie der Selbstbestimmt-Leben-Bewegung.

Das ist bei dem Faible mancher behinderter Frauen und Männer für Gremienarbeit nicht überraschend, aber auch noch nicht verwerflich. Das in der Öffentlichkeit so gar nichts bekannt ist, was denn da von wem mit welchen Intentionen empfohlen und beschlossen wird, stimmt schon nachdenklicher. Die Betonung der Beteiligten, dass Gemeinsame zu suchen und sich nicht am Trennenden abzuarbeiten, klingt nach substanzloser 'Wir sitzen alle in einem Boot'-Rhetorik. Die Verbände oder Organisationen, die ganz praktisch Aussonderung betreiben, sind in dieser Konstellation konsequenterweise gern an Bord gesehen. Aber offenbar ist das Schiff nicht besonders seetüchtig. Das erklärt, warum die erstellte Landkarte für Inklusion in sechs Jahren mal gerade 198 beispielhafte Projekte in ganz Deutschland gefunden hat - nicht beeindruckend viel mehr als die Zahl der beteiligten Funktionäre, die sich auf die Suche begeben haben.

Schon dieser Fakt verdeutlicht, dass die aktuelle Struktur der Behindertenhilfe mit dem Ideal der Inklusion nicht kompatibel ist. Denn die „gewachsenen und differenzierten Systeme der sozialen Sicherung sind von ihrer Anlage her nicht auf Inklusion, sondern auf immer wieder neu zu prüfende Bescheide und Exklusionen ausgerichtet. Klassifikation, Segregation, Gewährung oder (möglichst) Ausschluss von Leistungen sind die grundlegenden Prinzipien, die Verweisung an die Zuständigkeit anderer Leistungsträger ihre alltägliche Praxis, nur schwer zu durchschauende Grade von 'Schwerbehinderung' ihre Ausdrucksform." 1)

Traditionelle Strukturen sind ein Grund, warum die Inklusion im Schulbereich kaum voran kommt. Vier Jahre nach Unterzeichnung der UN-Behindertenrechtskonvention besucht nach einer Studie des Bildungsforschers Klaus Klemm zwar jedes vierte Kind mit anerkannten Förderbedarf eine Regelschule. Gleichzeitig nimmt die Zahl der Sonderschüler aber nicht entscheidend ab, es war gerade mal ein Rückgang von 0,1 Prozent zu verzeichnen. Die Daten legen einerseits den Verdacht nahe, dass in manchen

Schulen Kinder und Jugendliche zu Inklusionsschülern definiert werden, um die Quote zu erhöhen und in den Genuss von zusätzlichen Ressourcen zu kommen.

Gleichzeitig lassen aber Eltern ihren Kindern in der Hoffnung auf zusätzliche Hilfe Mängel attestieren, die bisher den direkten Weg in eine Sonderschule garantierten. Es wäre über die Motive der Eltern nachzuforschen: Sind sie diesen Schritt bisher nicht gegangen aus Furcht vor dem Stigma, einen Sonderschüler in der Familie zu haben oder in dem Wissen, dass die Absolventen der Sonderschulen in der Regel keine Berufsperspektive bekommen? Fest steht auf jeden Fall, dass in Hamburg, wo Eltern für ihren Nachwuchs die Wahl zwischen Regel- und Sonderschule haben, plötzlich dreimal so viele Kinder mit diagnostizierten Schwächen beim Lesen, Sprechen oder bei der emotionalen und sozialen Entwicklung auftauchen als sie in den Sonderschulen weniger werden. Anders gesagt: Der Anstieg der Inklusionsquote liegt primär daran, dass in den Regelschulen mehr Schüler als förderbedürftig eingestuft werden und damit den Anspruch auf zusätzliche pädagogische Unterstützung erfüllen.

Abgesehen von diesem Phänomen ist eines unbestritten: Die schulische Inklusion mit Erfolgsaussichten kostet neben Phantasie bei dem pädagogischen Personal und deren adäquaten Ausbildung Geld. Selbst wenn die Bundesländer ihre Sonderschulen sofort auflösen würden, was zur Zeit als völlig utopisch erscheint, müssen laut Klaus Klemm bundesweit jährlich an die 660 Millionen Euro für etwa 9.300 zusätzliche Lehrer aufgebracht werden. Inklusion ist kein Geschäftsmodell, das durch die Reduzierung von Ressourcen in den Sonderschulen ein Sparprogramm ersetzt. Das dämmert manchen Bildungspolitikern. Deshalb wird hinter den Kulissen von Verwaltung und Politik heftig darüber gestritten, dass die umzusetzenden Standards der Inklusion wenig Festlegungen und damit Ansprüche enthalten, die ins Geld gehen. 2)

In Deutschland arbeiten an die 300.000 Frauen und Männer in den Werkstätten für behinderte Menschen (WfbM). Dieser Sonderarbeitsmarkt boomt. Laut Sozialgesetz haben die Einrichtungen die Aufgabe, die „Erwerbsfähigkeit der behinderten Menschen zu erhalten, zu entwickeln, zu verbessern oder wieder herzustellen, die Persönlichkeit dieser Menschen weiter zu entwickeln und ihre Beschäftigung zu ermöglichen oder zu sichern." Ziel soll die Beschäftigung auf dem ersten Arbeitsmarkt sein. Diese Aufgabe wird nicht erfüllt. Von eintausend behinderten Mitarbeitern finden nur zwei aus der Werkstatt einen regulären Arbeitsplatz. 3)

Es ist seit Jahren bekannt, dass die Werkstätten gerade ihre fähigen behinderten Mitarbeiter lieber behalten statt integrieren wollen – und zwar mit Blick auf die Produktivität der eigenen Abteilungen. Ein Beschäftigter im Arbeitsbereich erhielt nach Angaben der Bundesregierung im Jahr 2011 im Monat durchschnittlich 180 Euro. Dabei gibt es von Werkstatt zu Werkstatt ganz beträchtliche Unterschiede, der Verdienst reicht von monatlich 67 Euro bis hin zu um die 600 Euro. Die Differenz erklärt sich primär damit, wie stark die Werkstatt wirtschaftlich ausgerichtet und mit welcher Produktpalette sie ausgestattet ist. 4)

Der Werkstättenmarkt liegt in den Händen von den großen Organisationen der Wohlfahrt. Dies repräsentiert die Zusammensetzung des Vorstandes der Bundesarbeitsgemeinschaft dieser Werkstätten: Vertreten sind Diakonie und Caritas, Arbeiterwohlfahrt und Paritätischer Wohlfahrtsverband, die Bundesvereinigung 'Lebenshilfe' und Rotes Kreuz, die Bundesvereinigung kommunaler Spitzenverbände sowie der Verband Anthroposophische Heilpädagogik. Obwohl alle Beteiligten wissen, dass sich am aussondernden Charakter der Werkstatt seit Jahrzehnten nichts verändert hat, hört sich die Selbstdarstellung ganz anders an.

So bilanzierte der Vorsitzende der Bundesarbeitsgemeinschaft, Martin Berg, die Werkstätten-Messe 2013 mit den Worten: „Hier ist direkt greifbar, welchen Beitrag Werkstätten für eine inklusive Arbeitswelt leisten. Ob Kunsthandwerk, Landwirtschaft oder Gastronomie, wir können Menschen bei ihrem Berufswunsch unterstützen – egal wo sie arbeiten möchten. Diese Botschaft möchten wir mit der Werkstätten-Messe senden: Wir können dafür sorgen, dass mehr Menschen mit und ohne Behinderung zusammen arbeiten."5)

Ob angesichts der realen Zahlen diese Interpretation von Inklusion Kopfschütteln provoziert hat, ist nicht bekannt. Schon der Werkstätten-Tag 2012 hatte sich mit dem zeitgemäßen Motto geschmückt: ‚Arbeit gestalten – für eine inklusive Gesellschaft'. Einig waren sich die Vortragenden von Caritas bis zum Behindertenrat (in dem auch der Interessenverband Selbstbestimmt-Leben ISL e.V. mitwirkt) indes an einem Punkt – an dem Erhalt der Werkstätten.

Der seinerzeit noch amtierende Vorstandsvorsitzende Günther Mosen proklamierte: „Inklusion muss allen Teilhabechancen bieten", um dann forsch fortzufahren: „Wir können in den nächsten fünf Jahren Arbeitsperspektiven für 30.000 Menschen schaffen", beispielsweise für Langzeitarbeitslose. 6)

Eine recht eigentümliche – wenn wohl auch realistische – Auslegung von inklusiver Arbeit, die vorsieht, immer mehr Menschen in die Gemeinsamkeit des Sonderweges zu schicken. Nun mag es stimmen, dass die Mehrheit der in den Werkstätten Beschäftigten auf dem ökonomisierten ersten Arbeitsmarkt keine Chance bekommt (was im übrigen ebenso auf etliche der in den Werkstätten schaffenden nicht behinderten Mitarbeiter zutreffen dürfte). Dies zu benennen und die Werkstatt für behinderte Menschen ehrlich als Sondereinrichtung zu kennzeichnen, wäre überzeugend. Das Reden je nach Zeitgeist von Partizipation, Integration und Inklusion ist dagegen Augenwischerei.

Einen anderen Fürsorgemarkt der Zukunft stellt der Pflegebereich dar. Aus einer Werbung für sichere Geldanlagen liest sich das so: „Pflegefonds im konjunkturunabhängigen Wachstumsmarkt der stationären Pflege mit staatlich geregelter Einnahmesicherheit! Sofort hohe monatliche Auszahlungen 6,5% p.a. (...) Eine stationäre Pflegeeinrichtung bietet eine besonders hohe Mietsicherheit: stationäre Pflegeeinrichtungen werden vom Staat gefördert (...) Im Jahr 2025 werden rund eine Millionen mehr pflegebedürftige Menschen als heute in Deutschland leben (...) Stationäre Pflege mit staatlich geregelten sicheren Einnahmen – ein riesiger Wachstumsmarkt, bei dem das Investitionsvolumen in den nächsten Jahren bis zu 5 Milliarden EUR beziffert wird." 7)

Je pflegebedürftiger die Menschen sind, desto lauter klingelt es in den Kassen der Heime. Versuche der Aktivierung und Einbeziehung der Personen mit Demenz in die alltäglichen Tätigkeiten werden nicht honoriert. Im Gegenteil: Wer teilnahmslos den Tag verbringt, ist für Heimbetreiber ein lukrativer Patient. Vor diesem Hintergrund behauptet der Altersforscher Wolf Dieter Oswald: „Die Leute werden mit Medikamenten sediert, möglichst im Bett gehalten. Denn dann gibt es die höchste Pflegestufe." Im Ergebnis herrscht in den Einrichtungen „oft Grabesruhe". 8)

In seinem Vortrag 'Inklusion und Wohlfahrtsoligopol' betont Reiner Kreuzer, dass die Einrichtungen, die die „ambulanten Hilfen im Auftrag des Staates durchführen, sich in einer enormen Abhängigkeit von der Hilflosigkeit ihrer Klienten befinden. Die Hilfsbedürftigkeit der behinderten Menschen ist die Einnahmequelle der Einrichtungen. Damit finanzieren sie ihre Arbeitsplätze. Kommen neue Klienten hinzu, werden neue Mitarbeiter eingestellt – ist die pädagogische Hilfe aber erfolgreich, werden die behinderten Menschen selbstständiger und kriegen ihr Leben zunehmend selber auf die Reihe, dann werden die wöchentlichen Stunden vom Eingliederungsamt gekürzt und mitunter Arbeitsplätze in den Einrichtungen reduziert. Auch die Umsätze und Überschüsse der Träger hängen stets von der Hilfsbedürftigkeit der Klienten ab." Letztendlich geht es zu wie in jedem Wirtschaftsunternehmen: Der „Vorstand blickt stets auf Bilanzen, auf Umsatzzahlen, auf Kostenkennziffern und auf das, was am Ende als Überschuss in der Kasse bleibt."

Das Vorrecht der Ökonomie in der Pflege findet seine Entsprechung im maßgeblichen Sozialgesetzbuch XIII. Dort heißt es im Paragraf 75: „Sind Einrichtungen vorhanden, die in gleichem Maße geeignet sind, hat der Träger der Sozialhilfe Vereinbarungen vorrangig mit Trägern abzuschließen, deren Vergütung bei vergleichbaren Inhalt, Umfang und Qualität der Leistung nicht höher ist als die anderer Träger." Was zunächst vernünftig klingt, führt zur harten Konkurrenz auf dem Pflegemarkt. Denn um dort Fuß zu fassen und dann die Finanzierung ihres Angebots zu sichern, sind die Anbieter gezwungen, so preiswert wie möglich zu arbeiten. Bei dieser Kalkulation fallen hin und wieder Regelarbeitsplätze weg, was wiederum die Qualität der Pflege mindert. Und ähnlich wie bei den Werkstätten für behinderte Menschen verspüren die Anbieter der Behindertenhilfe in der Regel nicht das Bedürfnis, ihre Klienten nach aktuellen Schwierigkeiten in die Selbstständigkeit zu entlassen, denn jeder Kunde erhellt die Bilanz des Betriebes. 9)

Obwohl alle von Community Care, Heimauflösung und Inklusion reden, hat die Realität damit wenig zu tun. Es „leben immer mehr geistig behinderte Menschen in stationären Einrichtungen und nicht weniger. 80 Prozent aller Menschen, die als geistig behindert eingestuft werden, lebten 2010 noch immer in Heimen oder so genannten stationären Wohngruppen - ambulant im eigenen Wohnraum betreut werden nur 20 Prozent - eine Minderheit. Und obwohl diese Minderheit durchaus größer wird, hat sich die Zahl der stationären Wohnplätze innerhalb der vergangenen 20 Jahre fast verdoppelt und liegt heute bei rund 200.000." 10) Solange Heime mit Pauschalzahlungen für die Betreiber sicheres Geld bedeuten und gleichzeitig das Angebot ambulanter Dienste mit der Abrechnung über Einzelleistungen wenig lukrativ erscheint, wird sich an dieser Situation nachhaltig wenig ändern.

Zuzustimmen ist deshalb dem Statement des US-amerikanischen Gemeindepsychologen Julian Rappaport, der angesichts des Auseinanderklaffens von Anti-Diskriminierungsgesetzgebung und sozialer Wirklichkeit anmerkte: „Rechte ohne Ressourcen zu besitzen, ist ein grausamer Scherz“. 11)

Anmerkungen:

1) Jens J.Clausen, Inklusion - einfach machen (?!?), Vortrag in Gotha vom 14.März 2013
2) Vgl. Peter Ulrich Meyer, Senator stoppt 'Richtlinie Sonderpädagogik'. in: Hamburger Abendblatt vom 10.Juni 2013
   Katja Irle, Inklusion macht kaum Fortschritte. in: Frankfurter Rundschau vom 19.März 2013
   Thomas Vilzthum, Wie Eltern das Projekt Inklusion torpedieren. in: www.abendblatt.de vom 18.März 2013
3) Rainer Kreuzer, Inklusion und Wohlfahrts-oligopol. Vortrag im Rahmen der Ringvorlesung 'Behinderung ohne Behinderte?! Perspektiven der Disability Studies', Universität Hamburg vom 12.November 2012
4) Warum verdienen Werkstattbeschäftigte so wenig ? in: www.bagwfbm.de, abgerufen am 06.06.2013
5) 21.000 Besucher auf Werkstätten-Messe 2013. in: www.bagwfbm.de, abgerufen am 06.06.2013
6) Presseinformation Werkstätten-Tag 2012: "Maßarbeit für alle". in: www.bagwfbm.de, abgerufen am 06.06.2013
7) Zit. in der Petition ‚Hilfe daheim statt Milliarden für Heime – UN-Konvention in Deutschland umsetzen!'. abgerufen unter www.avaaz.org/de/petition/Baustopp_für _Heime_Behindertenrechtskonvention…vom 20.10.2012
8) Zit.in Fritz Habekuss, Im Dorf des Vergessens in: Die Zeit vom 24.Januar 2013

9) Vgl. Rainer Kreuzer, Inklusion und Wohlfahrtsoligopol, a.a.O.
10)ebd.
11)Zit. in: Holger Wittig-Koppe, Fritz Bremer, Hartwig Hansen (Hg.), Teilhabe in Zeiten verschärfter Ausgrenzung. Kritische Beiträge zur Inklusionsdebatte, Neumünster 2010

Monster, Freaks und andere Schönheiten

Anmerkungen zur Körperpolitik

In ‚Freaks', dem heimlichen Kultfilm der jungen bundesdeutschen politischen Behindertenbewegung, rächen sich behinderte Personen an der Schönen und an dem Athleten für deren Missachtung. Der Kinostreifen aus dem Jahr 1932 war als Horrorfilm konzipiert und bediente sich zu diesem Zweck der Darstellung ungewöhnlich anzuschauender Körper. Die Handlung spielt in einem Wanderzirkus, in dem neben der attraktiven Trapezkünstlerin und dem durchtrainierten Gewichtheber fast ausschließlich Menschen mit Behinderungen agieren: Neben klein gewachsenen Personen gibt es siamesische Zwillinge, Künstler ohne Arme und Beine oder Halb-Frau-Halb-Mann; jemanden, der stottert sowie drei kindlich herumtollende Freaks, die das Merkmal ‚geistige Behinderung' abdecken sollen.

Die Filmschönheit vom Trapez heiratet auf dessen Vermögen spekulierend den kleinwüchsigen Mann, versucht diesen dann zu vergiften, um so an die Erbschaft zu gelangen. Die Zirkusfreaks entdecken den Mordversuch und revanchieren sich auf ihre Art: Der Komplize, der Athlet, wird kastriert und die Trapezkünstlerin endet als hilflose Krüppelin im Schaukasten. Der Film wurde an den Kinokassen ein Flop, etliche Zuschauer verließen häufig schon während der Vorführung den Saal. Denn die übliche Betrachtungsweise der Freaks funktionierte nicht mehr: Die Mischung aus Furcht, Mitleid und der Gewissheit, dass das Monster passiv bleibt und nicht losgelassen wird, war gründlich durcheinander geraten. Und dass die Freaks am Ende das Schöne und Kräftige besiegen – ganz im Gegensatz zum Konkurrenzfilm und Kassenschlager ‚King Kong' – hielt vor achtzig Jahren kein Publikum aus.

Zu jener Zeit wurden außergewöhnliche Körper in der Medizin als Monstrositäten bezeichnet und populär als Freaks, als ‚Laune der Natur', vorgestellt. Dabei harmonierte wissenschaftliches Denken mit kulturellen Vorstellungen des Normalen. Monster und Freaks wecken mit körperlichen Besonderheiten bei den Betrachtern seit jeher Neugier und Faszination sowie gleichzeitig Abwehr und Distanzierung. Auch die beobachtende Wissenschaft, die für sich die Fähigkeit zur objektiven Erkenntnis in Anspruch nimmt, ist von dem Aspekt der subjektiven Empfindung nicht frei. Das die Ordnung Störende wird in den Blick genommen und zum Gegenstand degradiert.

Als Resultat mussten im 19.Jahrhundert die Menschen mit Besonderheiten zwei Varianten des Umgangs ertragen: Die Humanwissenschaften begannen, sie dem öffentlichen Raum zu entziehen und sie in ihre Körperteile zu fragmentieren und zu vermessen, die Befunde aufzuzeichnen und zu interpretieren. Die Körper wurden zu Objekten der Wissenschaft. Die Darstellungen in fachlichen Abhandlungen dienten als Beleg für die Vorstellung von ‚dem Anderen'. Gleichzeitig erblühten die Freakshows und Kolonialausstellungen in europäischen und nordamerikanischen Städten als profitorientierte Massenunterhaltung. Das Bestaunen des Exotischen bekommt hier die rassistische Komponente, denn mit der kolonialen Eroberung wurden auch Angehörige fremder Völker mit ungewöhnlichem Aussehen als Trophäen präsentiert. Und es gab die Variante des Geschlechts: Von weiblichen Freaks wurden präparierte Geschlechtsteile gefunden, während es diesbezüglich keine männlichen Fundstücke gab.

Die Freakshows funktionierten indes nach dem Ersten Weltkrieg in Europa nicht mehr, die große Zahl der sichtbaren Kriegsverletzten ließ die körperliche Abweichung als Amüsement im großen Stil nicht mehr zu. Bis dahin wurden die Freaks aber nicht nur einfach ausgestellt, sondern „mit und an ihnen wurden Seltenheit, extreme Abweichung und kulturelle Fremdheit in einem

Netz mythischer Erzählungen und biologisierender Normalität wissenschaftlich und kulturell konstruiert. Indem Freaks als Metapher des Anderen funktionalisiert wurden, führten sie den Zuschauern ihre eigene Normalität vor.“ 1)

Der Schriftsteller und Philosoph Voltaire beschrieb eine Jahrmarktausstellung, auf der eine Frau mit vier Brüsten gezeigt wurde. Es sei, so Voltaire, unschwer das Monster zu erkennen, wenn sie ihren Busen anschauen ließ, wenn sie dies jedoch nicht tat, war sie ein ganz erfreulicher Anblick. Die Philosophin Birgit Stammberger schließt aus dieser Beschreibung: Die „Normverletzung des Monsters ist also nicht auf die Natur zu beziehen, stattdessen resultiert sie aus der Verletzung kultureller und sozialer Normen der Betrachter.“ 2) Es geht also nicht um die Präsentation des außergewöhnlichen Körpers, sondern darum, wie jemand angesehen und betrachtet wird. Um zu erklären, wie aus den Trägern von biologischen Besonderheiten Freaks werden, müssen die historischen und sozialen Bezüge, die kulturellen Vorstellungen analysiert werden.

Sind offensichtlich behinderte Menschen in Zeiten der allseits proklamierten Inklusion als Schreckensgestalt noch brauchbar? Dazu drei Anekdoten, erlebt an einem einzigen Januartag im Jahr 2012:

Erstens: Ich stehe allein in einem Fahrstuhl, der von einem zweiten Nutzer in den vierten Stock geordert wurde. Die Tür öffnet sich, der junge Mann macht einen Schritt, stutzt, hält inne und beantwortet meine Einladung, doch einzutreten mit einem hastig gemurmelten: „Ich gehe die Treppe".

Zweitens: Das ICE-Personal wechselt. Halbsätze im Gang: „Was ist mit dem?" „Ich traue mich nicht." Gekicher. Dann der ICE-Chef an mich: „Und mit ihnen ist alles in Ordnung?" Auf meine Antwort – „Mit mir schon!" – folgte die Belehrung des Kollegen: „Siehst du, so macht man das."

Drittens: Um weiteres Umsteigen im Nahverkehr zu vermeiden, steige ich in ein Taxi und nenne ein entferntes Fahrziel. Der Fahrer mustert mich von oben bis unten, fragt dann, ob ich Geld hätte, weigert sich dann trotzdem zu fahren mit dem Argument, er hätte schon eine Tour angenommen.

Die Beispiele bedeuten mehr als nur die sprichwörtlichen Geschichten, die das Leben schreibt. Es sind Hinweise auf Situationen, die nicht täglich, aber immer wieder zu erleben sind und mit denen zu rechnen ist. Ganz offensichtlich löst allein der Anblick von ungewöhnlichen Körperhaltungen und Körperbewegungen spontan Abwehr und Furcht aus. Und diffuses Mitleid, das nur durch das äußere Erscheinungsbild gespeist wird (der zweite Taxifahrer erzählte mir ständig wie zur Selbstvergewisserung, dass ich „bestimmt ein guter Mensch sei.“). Furcht und Mitleid sind Formen der Abwertung und Entwürdigung, die diejenigen treffen, die die gängigen Ideale nicht erfüllen. Die Reaktionen angesichts der historischen Exoten-Schau im Zoo Hagenbeck haben sich in den Alltag der Gegenwart verlagert.

Wenn allerdings zu behinderten Körpern eine sichere Distanz besteht, sind sie in der Betrachtung attraktiv. In einem Feuilleton-Beitrag in der Wochenzeitung 'Die Zeit' über die Präsentation von DDR- und Westkunst wird der Text von zwei großen Fotos nahezu erdrückt. Das Farbfoto zeigt einen einbeinigen nackten Mann an Krücken von hinten, der dominant zwischen anderen Körpern am Strand steht. Das Schwarzweiß-Foto bildet die Skulptur einer nackten Frau mit Armstümpfen ab. Das erste Foto zeigt ein Bild des Malers Willy Sitte, das zweite eine Skulptur von Alberto Giacometti. Im Text über eine Ausstellung in der Berliner Nationalgalerie spielen aber die beiden Künstler und die „Konfrontation zweier Krüppel" 3) lediglich eine einleitende Rolle. Die Abbildungen dienen offensichtlich als Blickfang für die Leserschaft, die Hervorhebung der amputierten nackten Körper hat seinen Reiz.

Die Gegensätze in der Bewertung von Menschen sind bekannt: Willkürlich gesetzte Maßstäbe von Schönheit siegen über Hässlichkeit, Jugend schlägt Alter und intellektuelle Fähigkeiten stehen über Lernschwierigkeiten. Aus dieser Erkenntnis heraus folgt das warnende Fazit, dass bei einer stillschweigenden gesellschaftlichen Übereinkunft für die angeblich berechtigte Dominanz der Kriterien diese zu Ausgrenzung führen müssen. 4) Anders formuliert: Wenn die Inklusion gelingen soll, müssen diese Vorstellungen nachhaltig korrigiert werden. Danach sieht es nicht aus. Im Gegenteil scheint die Zurichtung der Körper grenzenlos.

In der renommierten Zeitschrift ‚Nature' plädierten bereits im Jahr 2008 namhafte Wissenschaftler für die „verantwortungsvolle Nutzung" von Medikamenten zur kognitiven Leistungssteigerung von gesunden Menschen. Ein Jahr später behaupten deutsche Experten aus Medizin, Philosophie und Rechtswissenschaft, dass „es keine überzeugenden grundsätzlichen Einwände gegen eine pharmazeutische Verbesserung des Gehirns oder der Psyche gibt.“ Und manche Bioethiker sind der Meinung, „prinzipielle ethische Bedenken gegenüber der Verbesserung der menschlichen Biologie“ seien nicht aufrecht zu erhalten. Im Gegenteil: So wie „wir die Pflicht haben, Krankheiten unserer Kinder zu behandeln, haben wir die Verpflichtung, ihre Biologie zu verbessern.“5)

Mit diesen Zitaten nähern sich die Augsburger Soziologen Willy Viehöver und Peter Wehling ihrer These, dass mit Blick auf den menschlichen Körper eine Entgrenzung der Medizin zu beobachten sei. Aus ihrer Sicht mehren sich die Anzeichen dafür, dass die Medizin nicht mehr allein mit der Heilung kranker Menschen, sondern zunehmend mit der Optimierung körperlich und geistig Gesunder beschäftigt sein wird. Das beobachtete Phänomen der Entgrenzung in der Medizin wird allgemein mit den Merkmalen der Grenzpluralisierung, der Grenzverschiebung, der Grenzverwischung sowie der Grenzüberschreitung beschrieben. Obwohl diese vier Kriterien nicht immer eindeutig zuzuordnen sind, bilden sie die Basis der Überlegungen:

Dabei meint der Aspekt der Grenzpluralisierung, dass Grenzen bei bekannten Krankheitsbildern von Beteiligten sehr unterschiedlich gezogen werden. Dies gilt auch für professionelle Akteure. Als Beispiel steht die umstrittene Diagnose der Aufmerksamkeitsstörung ADHS. Ob das Verhalten eines Kindes noch ‚normal' ist oder schon als ‚gestört' gilt, erfährt höchst unterschiedliche Bewertung.
Bei der Grenzverschiebung werden vormals als gesund betrachtete Personen nunmehr als krank betrachtet. Als Beispiel für diese Entwicklung nennen Viehöver und Wehling die Wahrnehmung von Schüchternheit, die zunehmend als behandlungsbedürftige psychische Störung gesehen wird.

Von der Grenzverwischung sprechen die Herausgeber, wenn bestimmte Personen als gleichzeitig gesund und krank gelten. Dies trifft auf die Gruppe der durch die Techniken der prädiktiven Gendiagnostik markierten Menschen zu, den ‚healthy ill', den gesunden Kranken: Dieser Begriff meint Personen, die aktuell gesund sind, bei den aber genetische Anlagen für künftige Krankheiten festgestellt worden sind. Der internationale Medienrummel um den Hollywood-Star Angelina Jolie unterstreicht diese Einteilung: Jolie hatte sich vorbeugend beide Brüste entfernen lassen, weil ihr eine erblich bedingte hohe Wahrscheinlichkeit der Erkrankung an Brustkrebs bescheinigt wurde. Die Schauspielerin wurde fortan als mutige Heldin porträtiert.

Die Grenzüberschreitung bedeutet hingegen schließlich, dass „medizinische Praktiken und Mittel auch bei gesunden Menschen zum Einsatz kommen, ohne dass diese als ‚krank' oder ‚abweichend' definiert würden." Der anhaltende Boom bei der so genannten Schönheitschirurgie oder das Anpreisen von leistungssteigernden Präparaten belegen dieses Kriterium einer Optimierungshaltung.

Die unscheinbaren und nicht eindeutig definierbaren Schritte von der Heilung eines Patienten zum Ansinnen der Verbesserung und Verjüngung des Menschen schreiben die Herausgeber aber nicht nur den Möglichkeiten von Genetik, ästhetischer Chirurgie oder Neuro-Pharmakologie zu. Einen wichtigen Effekt sehen sie in der neoliberalen Rhetorik der Eigenverantwortung, der Selbstbestimmung und „der permanenten Arbeit daran, eigene Schwächen zu überwinden, um so die individuelle Leistungs- und Wettbewerbsfähigkeit zu steigern". Das ist zwar kein neuer Gedanke, aber immerhin: Attraktives Aussehen von Frauen und Männern wird immer mehr zu einem wichtigen Faktor für das Erreichen von privaten Zielen und gesellschaftlich anerkannten Positionen.

Gesundheit, Schönheit, Fitness, Leistungsfähigkeit sind die Grundwerte des Normalisierungsdenkens im Alltag. Diese Erkenntnis führte die Selbstbestimmung-Leben-Bewegung zur zunächst vorsichtigen Beschäftigung mit den eigenen Körperidealen. Es war ein heikles Thema, das einem zwar auf Schritt und Tritt verfolgte, das in der Auseinandersetzung aber auch nach der Bewertung der gängigen Ideale und Normen verlangte. Um dieses einigermaßen selbstbewusst anzugehen und öffentlich zu äußern, war es Voraussetzung, sich mit den eigenen Wertehierarchien in Bezug auf Körper und Ästhetik zu beschäftigen.

Die eigene Art der Fortbewegung wird nicht mit Behinderung in Verbindung gebracht, weil sie selbstverständlich rund um die Uhr vonstatten geht. Dabei ist es unbestritten, dass die Behinderung manchmal von Nachteil ist und Leid bedeuten kann. Nur zugeben konnten behinderte Frauen und Männer dies schwer: Denn ständig lag die Aufforderung in der Luft, doch zuzugeben, dass das Leben mit Behinderung eine trübsinnige Angelegenheit sei. Gleichzeitig hatte die Behindertenbewegung sich vorgenommen, dem gängigen Bild des hilflosen, abhängigen behinderten Menschen einen Gegenentwurf zu präsentieren: Die Krüppel und Krüppelfrauen waren kämpferisch, aktiv, mutig und stolz auf sich selbst.

Deshalb war es in der Behindertenbewegung „lange Zeit geradezu verpönt, über die eigenen 'Leiden', also die Probleme, Schmerzen etc., die Folgen der Schädigung sein können, zu sprechen, denn das hätte das Bild, das Nichtbehinderte von Behinderten haben, bestätigt. Inzwischen kann man darüber sprechen. Allein es bleibt das Unbehagen, wieder denjenigen den Ball zuzuspielen, die schon immer zu wissen glaubten, dass Behinderung vor allem Leid bedeutet und deshalb auf jeden Fall verhindert werden muss – und sei es durch die Verhinderung der Leidenden, zum Beispiel durch Pränataldiagnostik und selektive Abtreibung." 6)

Der inzwischen verstorbene Autor Andreas Kuhlmann beschrieb unverblümt die Macht des Schmerzes und begab sich damit auf die Gratwanderung zwischen ehrlicher Schilderung und der Gefahr, den 'Habe-ich-es-doch-gewusst'-Reflex auszulösen:

„Oft kündigt sich eine Erkrankung allein schon dadurch an, dass wir das pure Eigengewicht des Körpers spüren, dass wir uns schlapp, schwerfällig, wie zerschlagen fühlen. Bei Fieber, Übelkeit oder Schwindel werden wir dann schon massiver von Leibesempfindungen bestimmt und beherrscht. Im starken Schmerz schließlich wird der Körper vollends auffällig, aufdringlich, aufsässig. Er nimmt unsere Aufmerksamkeit in Beschlag, lässt den Horizont des Bewusstseins zusammenschrumpfen und fixiert im Extremfall die Selbstwahrnehmung auf jenes Stück versehrter Physis, der von uns anscheinend nur noch übrig geblieben ist.“ 7)

Nach dem vorherrschenden medizinischen Verständnis ist Gesundheit, Krankheit und Behinderung genau zu beschreiben, zu messen, zu qualifizieren und zu bewerten. Anliegen der herkömmlichen Medizin ist es, zwischen ‚Normalen' und ‚Anormalen' des Körpers und der Seele zu trennen und in internationalen Klassifikationen festzuschreiben. Dabei wird der Kriterienkatalog insbesondere bei psychischen Störungen immer weiter aufgebläht, auffallendes Verhalten damit als krank definiert. Es ist der Versuch, die Unsicherheit bei der Frage zu überwinden, wer als krank und wer als gesund gelten soll. Selbstverständlich spiegeln die Klassifikationen kulturelle Ansichten wider: So tauchte im ersten Handbuch für psychische Störungen 8) noch im Jahr 1952 Homosexualität als Krankheit auf. In der aktuellen Fassung gilt Trauer als mögliches Anzeichen für eine Depression, Wutausbrüche ohne erkennbaren Anlass bei Kindern ab sechs Jahren sind ernste Zeichen für eine psychische Störung und die ADHS-Diagnose wird bis auf das Erwachsenenalter ausgedehnt. Auch die ‚Internationale Klassifikation der Funktionsfähigkeit, Behinderung und Gesundheit' (ICF), die psycho-soziale Faktoren mit einbezieht, stellt das Defektdenken an erste Stelle. Um der Flut von Diagnosen glaubwürdig zu begegnen, müssen (behinderte) Personen sehr differenziert argumentieren. Denn es macht keinen Sinn, jegliche körperlichen oder seelischen Beschwerden als soziale oder gar historische Konstruktion darzustellen. Der eine sinnvolle Perspektive öffnende Weg weist in die Richtung der Erkenntnis, dass Schmerzen und Leiden wie Freude und Glück in einem Leben vorkommen. Das klingt nahezu banal, wird in Zeiten allgemeiner Leistungsoptimierung in der Regel aber nicht gedacht.

Behinderte Menschen bilden in dieser Hinsicht grundsätzlich keine Ausnahme. In diesem Zusammenhang stehen die Paralympics. Seit wenigen Jahren macht der Behindertensport auch medial Furore. Bei den diesjährigen Filmfestspielen in Berlin haben es drei Filme über erfolgreiche Sportler mit Handicap auf den 'roten Teppich' geschafft, die Übertragungen der Paralympics belebten das TV-Programm von ARD, ZDF und privaten Anbietern. Ein Indiz für den Fortschritt des inklusiven Gedankens oder lediglich Abbild einer auf Kommerz und Leistung gepolten Gesellschaft, die fasziniert auf athletische Körper blickt? Die Eröffnung der Paralympics 2012 in London produzierte die Schlagzeile „Spiele der Wunder" mit dem Zusatz „man darf staunen". 9) Das war wohlwollend gemeint, erinnerte dennoch an die Einladung zur traditionellen Freak-Show. Der Fernsehsender Channel 4 begleitete die Spiele mit der Werbung „Meet the Superhumans" und stellte täglich Superhelden auf Superprothesen oder in Supersportrollstühlen vor – jenseits der Lebensrealität fast aller behinderter Menschen. Der betriebene Personen- und Körperkult endete zwar (wie üblich) bei den Medaillenrängen inklusive der Nationenwertung, entdeckte aber dabei Figuren wie „Die Unbesiegbare" und einen Amputierten „rennen wie eine Rakete". 10) Der Vorzeige-Sprinter und lange Zeit so etwas wie der ungefragte Inklusionsbeauftragte Oscar Pistorius wird in Medien gern als „schnellster Mann der Welt ohne Beine" bezeichnet – unterlassen bleibt an dieser Stelle nur die historisch bekannte Aufforderung: Kommen Sie hereinspaziert in die Manege der Sensationen und Raritäten ... Nachdem der Sportler seine Freundin getötet hat – ob aus Versehen oder mit Absicht will das Gericht noch klären -, löste das reflexartig Fragen und Behauptungen aus, die an traditionelle Denkmuster anknüpfen: „Haben wir unbeabsichtigt ein Monster geschaffen?" Und weiter: „Ich wusste, dass etwas bersten wird."11) Aus dem hochgejubelten Läufer und bewunderten Star wurde über Nacht der behinderte Mann, unheimlich und unberechenbar.

In der Berichterstattung über die Paralympics lediglich nebenbei Erwähnung fanden entwürdigende Maßnahmen: Etwa wenn die Teilnahme von als geistig behindert eingestuften Sportlern nur dann erlaubt war, wenn der bescheinigte Intelligenzquotient nicht höher als bei 75 Punkten lag. Keine Ausnahme scheint es zu sein, dass zur kurzfristigen Leistungssteigerung die Einnahme von Schmerzmitteln und das so genannte Boosting betrieben wird: Bei dieser Methode des Dopings brechen sich Sportler Zehen, geben sich Elektroschocks oder klemmen sich die Hoden ein, um Blutdruck und Herzfrequenz auf Touren zu bringen. Es geht wie bei den nicht behinderten Olympiateilnehmern nicht nur darum, ob jemand die 400

Meter in 45, 50 oder 60 Sekunden sprintet, sondern wer den Werbevertrag mit einem Konzern, mit dem regionalen Bäckereibetrieb abschließt oder diesbezüglich mit leeren Händen oder Füßen dasteht. Der legitime Ansatz, Spaß und Erfüllung in sportlicher Betätigung zu finden, mündet in dem Motto höher, schneller, weiter. Das Fazit müsste lauten: Die Paralympics haben Erfolg, weil sie sich an den herrschenden Kriterien für Erfolg orientieren und dafür den Körper bis an die Grenze des Machbaren drangsalieren. Wenn diese Zurichtung Zusammengehörigkeit signalisieren soll, ist die Idee der Inklusion eine bedrohliche Variante der Vereinnahmung, jedoch keine der Emanzipation.

Die Behindertenbewegung hat in ihren Anfängen nicht nur den ‚Freak'-Film genossen, sondern auch provokativ behauptet: „Behinderung ist schön!“ Von gelungener Inklusion kann nur gesprochen werden, wenn die Allgemeinheit behinderte Körper jenseits von aufregenden 'Brot und Spiele'-Veranstaltungen als schön empfindet und akzeptiert. Dies als Forderung aufzustellen ist unsinnig. Wenn ein paar mehr behinderte Frauen und Männer diese Meinung überzeugend vertreten, wäre schon viel erreicht.

Anmerkungen:

1) Birgit Stammberger, Monster und Freaks. Eine Wissensgeschichte außergewöhnlicher Körper im 19.Jahrhundert, Bielefeld 2011, S.18
2) Birgit Stammberger, a.a.O.
3) Hanno Rauterberg, Alles sehr nackt. Ist DDR-Kunst jetzt so normal wie Westkunst ? in: 'Die Zeit' vom 17.11.2011
4) vgl. Wolf Wolfensberger, Der neue Genozid an den Benachteiligten, Alten und Behinderten, Gütersloh 1991
5) Willy Viehöver/Peter Wehling, Entgrenzung der Medizin. Von der Heilkunst zur Verbesserung des Menschen ?, Bielefeld 2011
6) Swantje Köbsell, Die aktuelle Biomedizin aus Sicht der Disability Studies. Gutachten für die AG Bioethik und Wissenschaftskommunikation am Max-Delbrück-Zentrum für molekulare Medizin, Berlin 2003, S.15f. zit. in: Markus Dederich, Zwischen alten Bildern und neuen Perspektiven. in: Beate Ochsner/Anna Grebe (Hg.),Andere Bilder. Zur Produktion von Behinderung in der visuellen Kultur, Bielefeld 2013, S.26
7) unveröffentlichtes Manuskript, zit. in: Claudia Franziska Bruner, KörperSpuren. Zur Dekonstruktion von Körper und Behinderung in biografischen Erzählungen von Frauen, Bielefeld 2005, S.82
8) Gemeint ist das US-amerikanische DSM (Diagnostic and Statistical Manual of Mental Disorders), das auch als Bibel der Psychiatrie bezeichnet wird. Die aktuelle Klassifikation

DSM-5 wurde Mitte Mai 2013 vorgelegt. Das in Deutschland genutzte Handbuch ICD-10 der Weltgesundheitsorganisation WHO orientiert sich an der DSM-Klassifikation. vgl. u.a. Christian Weber, Die fünfte Bibel. in: Süddeutsche Zeitung vom 21.Mai 2013

9) Titelseite der Frankfurter Rundschau vom 30.08.2012

10) Frankfurter Rundschau vom 8.September und 10.September.2012

11) Zit. in: Johannes Dieterich, "Ich bin ein gebrochener Mann", in: Frankfurter Rundschau vom 1.Juni 2013

Literaturhinweise

* Elisabeth Bösl/Anne Klein/Anne Waldschmidt (Hg.), Disability History. Konstruktionen von Behinderung in der Geschichte, Bielefeld 2010
* Markus Dederich, Körper, Kultur und Behinderung, Bielefeld 2007

Augenblicke
Anmerkungen zum Blick auf 'die Anderen'

August ist ein ganz normaler Junge. Das Problem ist nur, dass die Leute, die ihn anblicken, das nicht so sehen. Doch August sagt: Ich „fühl mich normal. Innerlich. Aber ich weiß, dass normale Kinder nicht andere normale Kinder dazu bringen, schreiend vom Spielplatz wegzulaufen. Ich weiß, normale Kinder werden nicht angestarrt, egal, wo sie hingehen." 1)

So beginnt das allseits gelobte Buch 'Wunder – Seht mich (nicht) an!' von Raquel J.Palacio. Erzählt wird die Geschichte des zehnjährigen August Pullmann, der mit einem entstellten Gesicht geboren alle Varianten der Begegnung aus den Blicken erkennt: Schreck und Schock, gespielte Ignoranz und sekundenschnelles Innehalten, versteckte Belustigung bis hin zur offenen Feindseligkeit. Aber August geht seinen Weg und lernt: Es gibt auch die Blicke, die Zuneigung und Freundschaft und Respekt ausdrücken. Trotzdem fragt August: Muss ich das mein Leben lang aushalten? Ja, er muss, ist die Antwort. Aber es ist machbar. Das optimistische und mit einer großen Portion Pathos ausgestattete (US-amerrikanische) Jugendbuch für Erwachsene setzt für diese Perspektive auf den Faktor 'Gewöhnung an das Andere' und auf die Handlung, stets ein wenig 'mehr Freundlichkeit als notwendig' an den Tag zu legen.

Eine andere viel beachtete literarische Quelle zum Thema ‚Blicke' bietet eine Episode, die der italienische Schriftsteller Giuseppe Pontiggia mit seinem Sohn Paolo in einem Einkaufszentrum erlebt hat:

„Die Rolltreppe fährt hoch in den dritten Stock, zwischen Treppen, die abwärts führen, Stufen die oben zwischen den Lichtern verschwinden, Ebenen, die sich beidseits entfernen, inmitten der Menschenmenge, die sich im Stimmengewirr langsam weiterschiebt.
„Gefällt es dir?" frage ich von hinten in sein Ohr.
„Ja", antwortet er, ohne sich umzusehen.
Mit der Linken an den Handlauf aus Gummi geklammert, lässt er sich zurückfallen, weil er spürt, dass meine Arme geöffnet sind.
Ich stehe nach vorn geneigt, um ihn zu stützen. Als wir oben ankommen und die Eisenstufen in den Spalt verschwinden, sackt er in sich zusammen.
„Hab keine Angst!" sage ich und richte ihn mühsam auf, damit er nicht stolpert.
Er stellt sich steifbeinig auf den Teppichboden hinter der Metallplatte. Es gelingt ihm, nicht hinzufallen. Er läuft los.

Ich schaue in die Runde und wische mir mit der rechten Hand den Schweiß von der Stirn. Neben einem gelben Sonnenschirm in einem Sandkasten, der einen Strand imitiert, starrt eine Frau uns unfreundlich an. Auch ich starre sie an, ich habe die Nase voll von Menschen, die uns anstarren. Doch da stößt sie einen Schrei aus und fährt die Hand zum Mund, man hört einen dumpfen Aufprall. Paolo ist auf die Seite gefallen (...).
Sein Gesicht ist schmerzverzerrt, seine Hände auf dem Boden sind vergeblich geöffnet.
„Hast Du dir weh getan?" flüstere ich, als ich mich über ihn beuge.
Er schüttelt den Kopf.
Ich helfe ihm auf, indem ich meine Füße gegen seine stemme und ihn an den Armen hochziehe.
Eine kleine Menschenansammlung – ich sehe Augen voll bestürzter Neugier – hat einen leeren Raum um uns gebildet und weicht nun zurück, um uns durchzulassen.
„Kein Grund zur Aufregung", sage ich.
Ein paar Schritte lang stütze ich ihn.
„Geht's wieder?"
„Ja." (...)
„Wollen wir etwas trinken?"
„Ja." (...)
Ich bin entnervt und unglücklich.
Ich frage:

„Willst Du eine Coca Cola?"
„Ja."
Ich halte ihm das Glas, während er trinkt.
Als wir aufstehen, sage ich: „Geh ordentlich! Pass auf!"
Er bewegt sich torkelnd, wie ein betrunkener Matrose. Nein, wie ein Spastiker.
Er dreht sich um und sagt mit seiner angestrengten Stimme: „Wenn du dich schämst, kannst du ja ein bisschen Abstand halten. Kümmere dich nicht um mich." 2)

Diese Schilderung spiegelt viele Facetten: Zunächst die Tatsache, dass voyeuristische Blicke sowohl die behinderte Person als auch die Angehörigen treffen; dann den Umstand, dass des Vaters hilfloser Aufruf zur Anpassung („Geh ordentlich!") nur mit der dickköpfigen Einsicht in die Wirklichkeit beantwortet werden kann – die Flucht in eine Normalität jenseits nervtötender Blicke ist unmöglich. Und schließlich die Realität, dass ungewöhnliche Situationen von den Betroffenen verharmlost und aufgelöst werden müssen – die Begafften beruhigen die Glotzer. Und: Der Blick der Nichtbehinderten auf die Behinderung hat oft etwas mit Fremdheit und mit Angst zu tun, mit diffusen Erschrecken, das umschlägt in Abwehr. Immer gilt Behinderung als Schlag des Schicksals. Aber dass behinderte Menschen grundsätzlich vom Leiden begleitet werden, ist „ein Urteil des Wegsehens, nicht des Hinsehens". 3) Wohl auch aus dieser Erkenntnis heraus hat Pontiggia sein Buch mit der Widmung versehen: „Den behinderten Menschen, die nicht darum kämpfen, normal zu werden, sondern sie selbst."

Vorurteile und Feindbilder funktionieren historisch und aktuell ‚schon auf den ersten Blick' auch jenseits von Behinderungen. Das belegen einige ausgewählte Beispiele:

Der niederländische Humanist und Reformator Erasmus von Rotterdam (1466 bis 1536), von Haus aus Theologe, widmete sich auch Fragen der Erziehung. In einer pädagogischen Schrift zur Erziehung der Kinder schlug er im Jahr 1529 vor: „Damit also die wohl ausgeglichene Seele des jungen Menschen sichtbar wird – sie spiegelt sich aber am stärksten in seinem Gesicht – soll er gelassen, ehrfürchtig und gesammelt dreinblicken, nicht grimmig, denn das ist ein Zeichen von Grobheit, nicht dreist, denn daran erkennt man Unklugheit, nicht fahrend und unstet, was auf Unbesonnenheit hinweist, nicht schielend, was Art der Argwöhnischen ist und der Menschen, die dauernd etwas im Schilde führen; auch nicht mit weit aufgerissenen Augen, was die Beschränkten tun; nicht mit zusammengekniffenen Augen, wie es die Unzuverlässigen tun, nicht glotzend, wie es völlig Verdutzte machen". 4) Der Blick wird in diesem Zitat mit Regeln belegt, er wird interpretiert und mit sozialen Verhalten verknüpft. Der Blick erhält Zuschreibungen vom ‚richtigen' und vom ‚falschen' Schauen. Und wie zufällig wird das Schielen verknüpft mit Argwohn und Hinterhältigkeit.

Eine andere Beschreibung von Blicken findet sich in der Schilderung sozialdemokratischer Aufmärsche der Arbeiterbewegung. Sie liefen vor dem ersten Weltkrieg in der Regel ohne Konfrontation mit der Obrigkeit ab. Die Demonstranten trugen ihre Sonntagskleidung, um die feierlich-ernste Bedeutung des Protestes zu unterstreichen und um aggressives Verhalten der Polizei zu unterlaufen. Das einheitliche Bild der Demonstrierenden in ihrer einheitlich schwarzen Ausgehkleidung versetzte Beobachter dennoch in Unruhe. Sie nahmen ein „Drohstarren" oder ein regelrechtes „Drohstarrblicken" wahr, andere notierten „grimmig-dreinblickende" Demonstranten, die auf diese Art die Konfrontation suchen würden. An anderer Stelle wurde ein „freier", ein „frecher" Blick aufgefangen, der irritiert als Merkmal für das neue Selbstbewusstsein des Arbeiters interpretiert wurde. 5)

Auf ein eher individuelles Problem weist eine weitere historische Anekdote: Die englische Königin Elisabeth I. (1533 bis 1603) ließ in den letzten zwanzig Jahren ihres Lebens alle Spiegel aus ihrer Umgebung entfernen. Sie wollte so den Blick vermeiden, der ihr an Stelle von jugendlicher Schönheit die Falten des Alters und des Vergänglichen spiegelte.6)

Der körperbehinderte Künstler Hans Witschi schilderte sein Problem mit dem Blick in den Spiegel, den er für ein Selbstporträt wagen musste: „Ich wusste nicht, wie ich in die Welt schauen soll. Selbst nach mehrmaligen Versuchen, den akkuraten Gesichtsausdruck zu meinem Körper zu finden, funktionierte die Spiegelung nicht, das Abstandnehmen auch nicht. Meine Lösung bestand darin, dass ich mich mit einer Augenbinde darstellte. Das Verbinden der Augen gab mir nun die Freiheit, mich ungestört zu betrachten." 7)

Solche Schilderungen vom Blick in den Spiegel erinnern an das Betrachten von Fotografien: Wer ist mit seinem Passfoto schon zufrieden, sieht sich gut getroffen? Ich kenne nur wenige. Die meisten zeigen ihr Foto mit einer belustigten Peinlichkeit. Vielleicht deshalb, weil der Blick auf das eigene Aussehen mit den Maßstäben des unbewusst übernommenen Mustergesichtes kollidiert. Und weil die Gesichtszüge in der Momentaufnahme häufig merkwürdig entglitten zu sein scheinen und nicht der – eigenen – Vorstellung entsprechen.

Der österreichische Schriftsteller Jean Améry reflektiert über die Sicht auf alternde Menschen und verdeutlicht, dass Außenstehende nur unvollkommen Sehen. „Wer aber altert, dessen Kredit erschöpft sich. Dessen Horizont rückt ihm an den Leib, dessen Morgen und Übermorgen hat keine Kraft und keine Gewissheit. Er ist nur, der er ist." Doch der Alternde erwidert, „ach wissen Sie, da sehen Sie vielleicht nur den kleinen Buchhalter, den mittelmäßigen Maler, den mühselig die Treppen heraufkommenden Asthmatiker. Sie sehen den, der ich bin, nicht den, der ich war. Aber auch der, der ich war, macht mein Ich noch aus. Und da kann ich Ihnen auf Ehre versichern, dass mein Mathematiklehrer große Hoffnungen in mich setzte, dass meine erste Ausstellung brillante Kritiken fand, dass ich ein guter Skifahrer war. Nehmen Sie dies doch bitte hinein in das Bild, das Sie sich von mir machen." 8)

Blicke nehmen das Äußere wahr und lassen ein Bild entstehen, das der Person nicht gerecht wird. Die oberflächliche Wahrnehmung erklärt die gleichgültigen, die distanzierten, die abweisenden Umgangsformen. „Blicke können verschiedene Qualitäten haben. Blicke können bewertend sein oder erniedrigend. Blicke können vergewissern oder abweisen. Blicke können Liebe zeigen, aber auch vernichten.“ 9)

In diesen Zusammenhang gehört die Beschreibung von Primo Levi, wie er als Häftling im Konzentrationslager Auschwitz dem Dr.Pannwitz gegenüber treten musste:

„Pannwitz ist hochgewachsen, mager und blond; er hat Augen, Haare und Nase, wie alle Deutschen sie haben müssen, und er thront fürchterlich hinter einem wuchtigen Schreibtisch (...) Wie er mit Schreiben fertig ist, hebt er die Augen und sieht mich an. Von Stund an habe ich oft und unter verschiedenen Aspekten an diesen Doktor Pannwitz denken müssen. (...) Der jene blauen Augen und gepflegten Hände beherrschende Verstand sprach: ‚Dieses Dingsda vor mir gehört einer Spezies an, die auszurotten selbstverständlich zweckmäßig ist. In diesem besonderen Fall gilt es festzustellen, ob nicht ein verwertbarer Faktor in ihm vorhanden ist‘.“ 10)

Jenseits der Vergleichbarkeit mit der existenziell bedrohlichen Situation für Primo Levi kommt dessen Beschreibung des selektierenden Blickes mir fast unheimlich bekannt vor. Sie erinnert an die Begutachtungen beim Amtsarzt, Musterungen aus blauen Augen, die den Körper zerlegen in brauchbare und in unbrauchbare Teile, Blicke, die das Puzzle teilnahmslos betrachten und abschließend bewertend beziffern: 100 Prozent behindert.

Friedrich Nietsche hat einen sich schämenden Menschen als „geblendet von einem großen Auge, das von allen Seiten auf uns und durch uns blickt" beschrieben. 11) Dieses beklemmende Gefühl erinnert mich an Situationen im Wartezimmer oder in engen Abteilen der Bundesbahn: Um die Langeweile zu vertreiben und auf der Suche nach Abwechslung beginnen die Blicke der Wartenden und Reisenden zu wandern und bleiben auf mir haften. Manchmal nur aus den Augenwinkeln (wegen dem schlechten Gewissen), manchmal regungslos geradeaus (ganz ohne Gewissen) – Blicke, die etwas Exotisches entdeckt haben und durchdringen wollen.

Selbstbestimmung heißt für mich an dieser Stelle, nach Wegen zu suchen, solchen Begutachtungen zu entgehen, ohne zurück zu stecken. Praktisch heißt das: Möglichst im Großraumwagen reisen oder im Wartezimmer strategisch günstige Sitzplätze wählen.

Eine andere Variante der Selbstbehauptung wählte eine Frau aus der Hamburger Frauenkrüppelgruppe. Sie hatte eine zeitlang auf der Rückseite ihres Rollstuhls ein selbst angefertigtes Schild befestigt. In großen Buchstaben stand dort zu lesen: „Glotz nicht so !!" Das war amüsant, denn alle, die sich neugierig nach ihr umdrehten, fühlten sich unangenehm ertappt. Und: Die Rollstuhlfahrerin war nicht mehr Objekt, sondern die Handelnde.

Mit dem Blick auf behinderte Menschen beginnt die Konfrontation mit der Normalität. Es gibt angesichts ungewöhnlicher Körper die Reaktion des Wegblickens oder Anstarrens. Das unterstreicht folgende Begebenheit:

Ich ging auf einem langen Bahnsteig in Richtung ‚meines' Wagons. Zehn Meter vor mir lief eine Mutter mit Kind, der Junge bald im Rückwärtslauf, um mich ausgiebiger betrachten zu können. Nach einer guten Weile kollidierte der Junge mit dem enormen Bauch eines wartenden Reisenden. Das fand nur ich lustig. Bezeichnenderweise entschuldigte sich die Mutter beim Dickbäuchigen und würdigte mich keines Blickes.

Andererseits gibt es die faszinierten und die bewundernden Blicke. Während die erste Version an Jahrmarktsrummel und Freakshows erinnert, versetzt der zweite Blick den Angeschauten in eine unbegründet überhöhte Position: Nur weil behinderte Menschen ihren Alltag ungewöhnlich bewältigen, gehören sie nicht auf einen Denkmalsockel.

In dem südfranzösischen Städtchen Agde steht auf einer Insel inmitten des zentralen Kreisverkehrs das Wahrzeichen der Stadt. Es ist eine überlebensgroße antike griechische Bronzefigur eines jungen Mannes. Beeindruckt oder achtlos umrunden täglich tausende Touristen oder Einheimische den Jüngling. Das ihm beide Unterarme und ein Unterschenkel fehlen, er also den Anblick eines recht schwer behinderten Mannes bietet, irritiert niemanden. Wahrgenommen wird nicht das Erblickte, sondern das Gedachte – in diesem Fall die Vorstellung von einem unversehrten hellenischen Jüngling. Es ist dagegen nicht anzunehmen, dass eine ähnlich behinderte Person bei der Begegnung nur hundert Meter weiter im Einkaufszentrum beim Betrachter Gedanken an eine denkmalswürdige, heroische Figur auslöst. Jetzt steht die ganz reale Behinderung im Mittelpunkt, Fluchtgedanken wie beim Anblick einer historischen Figur sind nicht möglich.

In diesem Zusammenhang nochmals eine kurze Geschichte von Giuseppe Pontiggia, Sie weist darauf, wie der Blick – in diesem Fall durch die Kamera – einem inneren Zwang zur Idealisierung folgt und sich vom realen Anblick distanziert:

„Bleib so!“ fordere ich ihn auf, als er sich umdreht, mit ausgestreckten Armen an die Stange des Sonnenschirms geklammert und die Füße im Sand vergraben, sodass sein ganzer Körper eine Hypotenuse bildet. Doch schon verzieht er den Mund, ist das Lächeln zur Grimasse erstarrt. Er fällt mit geöffneten Händen nach hinten, während ich im falschen Moment auf den Auslöser drücke. „Wir fangen noch mal an“, sage ich. Ich drehe ihn auf den Bauch und streue ihm Sand auf den Rücken, bis er ganz damit bedeckt ist. (...)
„Stütz dein Gesicht in die Hände“, sage ich zu ihm. Er tut es, doch die Ellbogen rutschen weg, und sein Kinn versinkt im Sand. Ich helfe ihm, wieder die gleiche Position einzunehmen. Doch als ich durch die Kamera schaue, liegt er schon wieder lang da.
„In dieser Haltung wirst Du ihn nie fotografieren können“, sagt Franca zu mir, während

sie ihm unter die Achseln greift, ihn aufrichtet und ihm den Sand abklopft. (...) „Wozu willst du ihn in dieser Pose fotografieren?“ Das weiß ich selber nicht, ich hatte einen Engel im Kopf, der sich mit den Ellbogen auf den Rahmen eines Renaissancegemäldes stützt. Wie kommt es nur, dass ich mich an derartig weit hergeholten, absurden Bildern orientiere?" 12)

Blicke können mehr sagen als Worte, es ist schwerer, sie abzuwehren. Ein Deutschlehrer an einem Frankfurter Gymnasium, ein gebürtiger Eriträer, sagt: „Man wird fremd durch Blicke. Wenn einen jemand im Bus länger anschaut, als das üblich ist. Wenn die Distanz verloren geht.“ 13)

Welche Bedeutung hat das Sehen für die Einordnung von Menschen in vorbestimmte Gruppen? Der erste Blick auf einem Gegenüber ruft Bilder und Einschätzungen ab, die mit verborgenen, oft zementierten Kriterien verbunden sind. Auch die Disability Studies beschäftigen sich mit diesem Phänomen in der visuellen Kultur und analysieren historische und gegenwärtige Bilder aus Literatur, Kunst, Archivfotografie oder Dokumentarfilm. 14)

Der Anblick von Behinderung provoziert Lachen und Spott. Ist das erlaubt? Bekanntlich hatte Georg Christoph Lichtenberg, selbst mit einem Buckel ausgestattet, vor etwa 250 Jahren damit kein Problem. Von ihm stammt der Witz: „Wie geht's, sagte ein Blinder zu einem Lahmen. Wie Sie sehen, antwortete der Lahme." 15) Jenseits dieser Komik ist belegt, dass in unterschiedlichen Epochen das Komische, Lächerliche, Hässliche und Behinderung insbesondere in Karikaturen immer wieder verknüpft wurden. Die „Karikatur orientiert sich an moralischen und körperlichen Auffälligkeiten, wobei körperliche Missbildungen und auffällige Proportionen übertrieben dargestellt werden." 16) Seit der Antike sind die Versuche bekannt, den (politischen) Gegner der Lächerlichkeit preiszugeben, indem sie überzeichnet abgebildet werden. Spätestens im 18.Jahrhundert tat sich eine neue Variante der Karikatur auf: Krüppel, Gichtkranke oder Bucklige galten auch ohne Überzeichnung ihrer Besonderheit als Karikatur, nämlich als leibhaftige Karikatur der Natur. Physische und psychische Auffälligkeiten wurden fortan mit Wertmaßstäben von Ästhetik und Moral vermengt. Behinderung wird mit Attributen wie Ekel und Abscheu verbunden, hässlich und lächerlich fließen in der Wahrnehmung ineinander. Der Zusammenhang von Hässlichkeit und Behinderung besaß bis in die 1980er Jahre Geltung, die „Verbrüderung von Schönheit und Moral" ist noch heute aktuell. Als Deutungsmuster im „hegemonialen Kulturaufbau“ der modernen Gesellschaft hat „ein ästhetischer Rassismus" Bestand, der Hässlichkeit nur in Horrorfilmen und Kriminalromanen eine reizvolle Rolle zugesteht. Das Hässliche steht in dieser Kultur der geschätzten schönen Körper und des schönen Antlitzes „nach wie vor unter Verdacht." 17) Karikaturen haben demnach mit Blick auf die Ausgrenzung von Minoritäten „tendenziell einen negativen Einfluss auf das Bild vom Anderen und verfestigen Stereotypien". 18) Zu fragen wäre, was von Karikaturen zu halten ist, mit denen behinderte Personen sich selbst, ihre Umwelt und die Reaktionen der Normalbürger pointiert kennzeichnen. Die Grenze zwischen solidarischen Amüsement und hämischer Spöttelei müsste im Einzelfall ausgelotet werden.

Nach der US-amerikanischen Autorin der Disability Studies, Rosemarie Garland-Thomson, lassen sich vier Kriterien der Wahrnehmung behinderter Menschen beschreiben. Demnach gibt es den verwunderten, den sentimentalen, den exotischen und den positiv beschriebenen realistischen Blick. Jede Form des Schauens kennzeichnet zugleich Distanz und Nähe zwischen Betrachter und Angeguckten. Und sie alle entlarven die fest gefügten Muster der Wahrnehmung.

Angesichts dieser Erkenntnis fragt die Kulturwissenschaftlerin Gesa Ziemer: „Wäre es nicht Teil des geforderten Realismus, sich die Verletzbarkeit des eigenen Körpers ständig präsent zu halten und deshalb auch die Verletzbarkeit des eigenen Blickes zu schärfen? Gleichberechtigt schauen würde dann heißen, Körper anschauen im Sinne von körperlich schauen." Wer realistisch blickt, bleibt selbst verletzbar und wach. Wach zu sein meint hier, „eine ethische Haltung einzunehmen, die niemals nur auf das eigene Leben ausgerichtet ist, sondern immer auch das der anderen einschließt." 19) Das Problem beim realistischen Blick bleiben dennoch die unberechenbaren Anderen, die Gegenüber. Denn Sensibilität per Verordnung ist nicht zu haben, Bewusstseinslagen müssen erarbeitet werden.

Die Formulierung ‚im Angesicht des Anderen' beschreibt sowohl die Situation des Gesehenwerdens als auch die des Ausgesetztseins. Die Wahrnehmung von behinderten Personen in Zeiten der Inklusion sollte aber diese weder als karitatives Objekt noch als heldenhaften Übermensch oder inkludierte Gleichgemachte betrachten. Zweifel sind angebracht, ob die Umsetzung dieses theoretischen Ansatzes gelingt. Die Medienwissenschaftlerin Ulrike Bergemann schreibt zur Relevanz im Alltag: „Kann sein, dass nicht der Rollstuhlfahrer behindert ist, sondern die Welt, in der er lebt. Aber er kommt trotzdem nicht ins Theater.“ Sie schlägt vor, die herausragende Position des vollendeten Körpers zu „provinzialisieren“, das heißt, den nichtbehinderten Körper als „ein unperfekter unter anderen unperfekten zu betrachten.“ Dieser Ansatz hat allerdings einen entscheidenden Haken: Denn „Nichtbehinderte können sich aussuchen, über ihre Verletzbarkeit nachzudenken, Behinderte nicht. Alle Körper sind verletzbar, aber nicht alle sind verletzt.“ 20)

Die Werbung für Inklusion steckt deshalb in einem Dilemma. Denn selbst die geschickten Anzeigen mit der Botschaft, dass behinderte Menschen vorbehaltlos dazu gehören, heben diese hervor und stehen damit im Widerspruch zur Inklusion. Auch das wohlmeinende Zeigen auf vorbildliche, mutige, erfolgreiche oder sportlich herausragende behinderte Frauen und Männer entkommt nicht dieser Zwickmühle. Der Blick auf Behinderung muss gebrochen werden, in dem die üblichen Denkweisen an die Betrachter zurückgeworfen werden. Provokative Inszenierungen von behinderten Künstlern und Künstlerinnen zeigen, dass so der gewöhnliche Blick gebrochen werden kann. Behinderung bekommt einen eigenständigen ästhetischen Wert. 21)

Anmerkungen:

1) Raquel J.Palacio, Wunder. Seht mich (nicht) an!, München 2013, S.7
2) Giuseppe Pontiggia, Zwei Leben, Hanser 2002, S.7f.
3) Fredi Saal in: Klaus Dörner, Tödliches Mitleid, S.107
4) zit. in: Till Bastian, Der Blick, die Scham, das Gefühl, Göttingen 1998, S.31f.
5) vgl. Larissa Denk/Fabian Waibel, Vom Krawall zum Karneval. in: Klaus Schönberger/Ove Sutter (Hg.), Kommt herunter, reiht euch ein … Eine kleine Geschichte der Protestformen sozialer Bewegungen, Berlin u.a. 2009, S.56f.
6) vgl. Gesa Gottschalk, Das reflektierte Ich. in: Geo, 10/2008, S.72ff.
7) zit. in Christian Mürner, Intensität der Stille. Herausgeforderte Körperlichkeit in der Gegenwartskunst. in: aviso – Zeitschrift für Wissenschaft und Kunst in Bayern, München, Nr. 4/2008, S.34
8) Jean Améry, Jenseits von Schuld und Sühne. Bewältigungsversuche eines Überwältigten, Stuttgart 1977, S.98
9) Udo Baer/Gabriele Frick-Baer, Vom Schämen und Beschämtwerden, Neukirchen-Vluyn 2005, S.90 f.
10) Primo Levi, Ist das ein Mensch ?, Frankfurt a.M. 1979, S.110
11) zit. in: Till Bastian, Der Blick, die Scham, das Gefühl, Göttingen 1998, S.48
12) Giuseppe Pontiggia, Zwei Leben, Hanser 2002, S.54f.

13)Interview mit Salomon Ghebrehiwet in: Frankfurter Rundschau vom 29.06.2010

14)Vgl. Beate Ochsner/Anna Grebe (Hg.), Andere Bilder. Zur Produktion von Behinderung in der visuellen Kultur, Bielefeld 2013

15)Georg Christoph Lichtenberg, Aphorismen, Wiesbaden 2009, S.98

16)Claudia Gottwald, Behinderung in der Karikatur. Zum Verhältnis von Hässlichkeit, Komik und Behinderung in der Geschichte der Karikatur. in: Beate Ochsner/Anna Grebe (Hg.), Andere Bilder, a.a.O. S.118

17)Hans Richard Brittmacher, Der böse Blick des Physiognomen. Lavaters Ästhetik der Deformation. in: Michael Hagner (Hg), Der falsche Körper. Beiträge zu einer Geschichte der Monstrositäten, Göttingen 2005, S.146.

18)Claudia Gottwald, Behinderung in der Karikatur, a.a.O., S.132

19)Gesa Ziemer, Verletzbare Orte. Entwurf einer praktischen Ästhetik, Zürich 2008, S.105ff.
zit. in: Ulrike Bergermann, Verletzbare Augenhöhe. Disability, Bilder und Anerkennbarkeit. in: Beate Ochsner/Anna Grebe (Hg.), Andere Bilder, a.a.O. S.291ff.

20)Ulrike Bergermann, Verletzbare Augenhöhe. Disability, Bilder und Anerkennbarkeit. in: Beate Ochsner/Anna Grebe (Hg.), Andere Bilder, a.a.O. S.293ff.

21)vgl. Tobin Siebers, Zerbrochene Schönheit. Essays über Kunst,Ästhetik und Behinderung, Bielefeld 2009
siehe auch Nati Radtke, Würde, Behinderung und die Kraft des Eigensinns, Gnutz 2011

Konjunktur der Wunder - eine Reise durch die Welt der Wunder(-heilungen)

Die Verantwortlichen der Hamburger Deichtorhallen trauten ihren Augen kaum: Vom ersten bis zum letzten Tag strömten die Besucher, das junge und alte Publikum wartete häufig bereits in langen Schlangen auf die Öffnung der Eingangstüren. Der ungewöhnliche Andrang galt einer großen Ausstellung. Ihr Thema: Wunder. Nahezu kein wissenschaftlicher Aufsatz zum Wunder-Phänomen kommt ohne das Zitat von dem Soziologen Max Weber aus, der vor hundert Jahren von der „Entzauberung der Welt" gesprochen hat. 1) Zumindest der Wunsch nach dem Gegenteil scheint stimmig.

Im Schollener See im Nordosten Sachsen-Anhalts wird fleißig im Matsch gegraben: Bereits 1931 hatte der Geologe und Professor Robert Potomé die glibberige Masse als den „Idealtypus eines deutschen Naturheilschlammes“ definiert. Seither heben Einheimische den Schlamm und verschicken ihn in kleinen und großen Kilopäckchen ins In- und Ausland. Die Ortsansässigen sprechen von einem „Wundersee“, denn der zu Tage geförderte Heilschlamm Pelose soll gegen Rheuma, Nervenentzündungen oder Sportverletzungen helfen. 2)

Die Zeitschrift 'Geo' widmet die Titelgeschichte ihrer Ausgabe im Januar 2013 dem

Glauben an Wunder und verhandelt primär die Erscheinungen im Sinne der katholischen Kirche. Die Tageszeitung 'Frankfurter Rundschau' entdeckt einen Monat später „Das Wunder" und berichtet über ein zum Leben erwachtes Neugeborenes, das offenbar nach einer Unterkühlung voreilig für tot erklärt wurde. Kurz darauf meldet die Wochenzeitung 'Die Zeit' eine „Wunderheilung" und schreibt über ein HIV-infiziertes Kind, das nach Absetzung der Medikamente keine Symptome der Krankheit mehr aufweist. 3) Die renommierte Wochenzeitschrift hatte bereits vorher ein Dossier getitelt mit: „Einer wurde geheilt. Mehr als 33 Millionen Menschen sind weltweit mit dem Aids-Virus HIV infiziert. In Berlin gelang Ärzten jetzt ein Wunder.“ 4)

Der das Gesundheitswesen kritisch begleitende Mabuse-Buchversand wirbt in seinem Jahreskatalog 2013/14 für das Buch 'Ich gehe den Weg der Wunder'. Es handelt sich um den Erfahrungsbericht von der erfolgreichen Verlagskauffrau Annette Müller, die nach einem schweren Autounfall, von den Bemühungen der Schul- und Alternativmedizin enttäuscht, auf einen „Geistheiler" trifft und mit diesem den „Weg der Heilung" beschreitet.

Das Landgericht Darmstadt verurteilte im Mai 2013 zwei Frauen zu Haft- bzw. Bewährungsstrafen. Beide hatten sich als Wunderheilerin ausgegeben und einer Frau insgesamt eine Million Euro abgeknöpft. Die Meldung ließ offen, welchen Wunsch das bezahlte Wunder erfüllen sollte. 5) Die Zahl der Wunderheiler wird in Deutschland auf 7.000 geschätzt, die von annähernd 11 Millionen Patienten besucht werden. Dazu passt, dass in einer Umfrage aus dem Jahr 2006 56 Prozent der Befragten angaben, an Wunder zu glauben – und zwar unabhängig von Bildung, Konfession und Alter. 6)

Entsprechend ist in der Alltagssprache das Wunder allgegenwärtig. Für die Fußballhistoriker gibt es das Wunder von Bern, die Ökonomen bejubeln das deutsche Jobwunder, gefolgt vom deutschen Börsenwunder. Die Architektur hat ihre sieben Weltwunder, die Magazinseiten der Tageszeitungen feierten mit der Rettung von verschütteten Bergleuten das Wunder von Chile. In der Musik taucht regelmäßig ein Wunderkind auf, in der Apotheke liegt die Wundersalbe aus und man kann per Mausklick im Wunderland einkaufen. Der Schlager verspricht, dass es Wunder immer wieder gibt. Wir finden irgendetwas wunderbar, wundervoll oder wunderschön.

In der Regel sind die Wunder positiv gewendet, nur selten besitzen sie einen negativen Beiklang. Etwa wie bei der Meldung zum Ausbruch einer Epidemie auf Haiti: „Es ist ein Wunder, dass sie so spät kommt“ 7) Oder die Anmerkung: „Der wird wunderlich.“

Allein unter Papst Johannes Paul II., dem Vorgänger des amtsmüden Ex-Papstes Ratzinger, erkannte die katholische Kirche 1.820 Begebenheiten nachträglich als Wunder an. Es hat den Anschein, als ob mit zunehmender Technisierung und Unüberschaubarkeit der Welt das Wunder Konjunktur hat.

Dieser Gedanke erklärt, warum auf der boomenden Esoterik-Welle seit drei Jahren die Zeitschrift 'Happinez – Mindstyle Magazine' aus dem Bauer-Verlag sehr erfolgreich schwimmt. Das sehr aufwändig hergestellte Magazin mit einer Auflage von weit über 100.000 Exemplaren wendet sich vor allem an Frauen und setzt auf die Sehnsucht und spirituelle Suche nach dem ausgeglichenen, zufriedenen Ich. Nach eigenem Bekunden ist die Zeitschrift „offen für Wunder" und meint damit die unerklärlichen Dinge zwischen Himmel und Erde. 8) Dass das Thema einer Ausgabe „Wunder der Dankbarkeit" lautet, deutet indes auf die Wiederbelebung der

Werte von Demut und stillem Rückzug in die Gläubigkeit.

In der Basilika von Lourdes sind an den Säulen Danksagungen für empfangene Wunderheilungen zu lesen: Man werde für immer „in Dankbarkeit, Liebe und Verehrung" der Mutter Gottes gedenken. In einer Aufsatzsammlung zum Gedenken an die Therapeuten Berta und Karel Bobath steht einleitend der Satz: Kinder, Eltern, Krankengymnasten, Ärzte, Ergotherapeuten und Logopäden werden „überall in Dankbarkeit, Liebe und Verehrung" 9) ihr Andenken bewahren.

Gibt es neben der identischen Wortwahl der ehrfurchtsvollen Bekundungen eine Verbindung? Zunächst die, dass sich die ganz unterschiedlichen ‚Segnungen' auf kranke und behinderte Menschen beziehen. Ihr Zustand soll verändert und aus der Sicht der Heilsbringer verbessert werden. Entgegen aller Erfahrungen wird auf eine Veränderung hin zu gewohnten Anblicken und Zuständen gehofft. Und da kommt das ‚Wunder' ins Spiel. Denn die Definition von ‚Wunder' lautet im Deutschen Wörterbuch allgemein als ein Ereignis, das „der Erwartung widerspricht". 10)

Die Wunder nehmen an Häufigkeit zu, sobald körperliche Probleme kuriert werden sollen. Solche Ereignisse sind der historischen Forschung insbesondere aus dem Mittelalter bekannt. Zu den Wundern am Grab des heiligen Willehad, dem ersten Bischof in Bremen, zählt folgende Überlieferung aus dem Jahr um 860: Da war „eine Frau, die war seit vielen Jahren krumm. Sie konnte sich nicht anders als auf den Händen kriechend fortbewegen und war ganz außerstande, in die Höhe zu blicken. Schließlich war sie durch die quälende Krankheit so geschwächt, dass sie nirgendwohin gelangen konnte, wenn sie nicht getragen wurde. Sie hatte auch eine Tochter, welche von Kindheit an blind war. Diese Frau samt ihrer Tochter brachten Verwandte und Nachbarn, die von der Heilkraft der Wunder gehört hatten, in das Tor des Bremer Doms. Sie wurde dort niedergelegt und als sie, von anderen Gläubigen aufgehoben, hineingelangt war, bescherte ihr Gottes Barmherzigkeit nicht nur das Glück und die Freude, dass ihre Tochter sehend wurde, sondern sie bewirkte auch, dass sie selbst sich wieder allein und aufrecht fortbewegen und auf eigenen Füßen zu ihrem genannten Wohnort zurückwandern konnte."

Eine weitere Geschichte berichtet von einer Frau, „die Egilmare hieß, seit vier Jahren gelähmt. Ihre Eltern brachten sie auf einen Wagen nach Bremen, aber mit Gottes Hilfe kehrte sie voller Freude auf eigenen Füßen nach Hause zurück." 11)

Welchen realen Kern die Wunderberichte haben, bleibt Spekulation. Denkbar ist, dass die „krumme Frau" an einem Bandscheibenvorfall litt, der sich mit den Bewegungen der Reise einrenkte – und der von diesem Wunder hundertfünfzig Jahre später berichtende Kirchenfürst das Kind erfand, um die Heiligkeit des Willehad noch zu unterstreichen.

Ein Historiker zählt aus Kirchenakten für das 11. und 12.Jahrhundert rund 2.700 Wunderheilungen, vorwiegend an Menschen mit Lähmungen, Erblindungen, „Taube und Stumme“ sowie „Besessene“. Viele dieser Heilungen werden damit erklärt, dass es sich um psychosomatische Störungen oder vorübergehende Beeinträchtigungen gehandelt hat, die ein Wunder geschehen lassen konnten. Für diese Einschätzung spricht, dass im Spätmittelalter Wunderheilungen von nachhaltig behinderten Menschen kaum mehr Erwähnung finden. Die behinderten Frauen und Männer tauchen jetzt in Zeichnungen oder Akten als Bettler auf und sind als solche nicht geeignet, den Ruhm der Wallfahrtsstätten zu erhöhen. Oder sie sind in den Vorläufern des Museums, in den Wunderkammern von reichen Adel und Kaufleuten, neben anderen Raritäten aus aller Welt als Bildnisse zu bestaunen. Denn die spätmittelalterlichen „Wunderberichte setzen auf jeden Fall verstärkt auf das soziale Ansehen beziehungsweise Kapital von Zeugen und Geheilten", wie die Soziologin Gabriela Signori in ihrer historischen Analyse der Wunder anmerkt. 12) Menschen mit angeborenen Behinderungen spielen fortan für die Selbstdarstellung der Kirche keine Rolle mehr. Dies ändert sich erst wieder mit den Darstellungen der Wunder-Grotte in Lourdes.

Doch auch die moderne Medizin bemüht für sich die Wunder, insbesondere bei schweren Erkrankungen mit ungewissem Ausgang. So heißt es in einem Bericht: „Die Überlebenschancen seiner Krebspatientin standen bei nahezu null, zumindest nach der Statistik. Doch dann erlebte der Chirurg ..., dass es sich manchmal lohnen kann, die Voraussetzungen für ein Wunder zu schaffen. (...) Die Patientin ... brauchte zwei Monate, um sich von der Operation zu erholen. Aber das Wunder trat ein: Die Frau blieb nach dem Eingriff tumorfrei." 13)

Die ersehnten Wunder in der Medizin gelten als letzte Hoffnung, wenn die angewandte Technik und Prognosen auf der Basis empirischer Daten keine Besserung versprechen. Der jugendliche Held in dem kürzlich ins Deutsche übersetzten Roman 'Wunder' von Raquel J.Palacio benennt konkret seine Hoffnung: „Wenn ich eine Wunderlampe finden würde und einen Wunsch frei hätte, würde ich mir wünschen, ein normales Gesicht zu haben, das nie jemanden auffallen würde. Ich würde mir wünschen, dass ich die Straße entlanggehen könnte, ohne dass die Leute diese Sachen machen, sobald sie mich sehen, dieses Ganz-schnell-woanders-Hinschauen."

Eher Verständnislosigkeit ernten Aussagen wie die des Studienberaters Christian Papadopoulos, der seit 38 Jahren mit der Duchenne-Muskelschwäche lebt und nach den Prognosen der Ärzte längst das Zeitliche hätte gesegnet haben sollen: Fände sich morgen ein „Wundermittel, das ihn wieder gehen machen würde“, er wüsste nicht, ob er es nehmen wollte. Die Behinderung sei eben eine seiner Eigenschaften. 14)

Meine persönlichen Begegnungen mit der Hoffnung auf ein Wunder begannen mit diversen Normalisierungsversuchen. „Ein gesundes Kind ist wie ein eigenes Haus oder der berufliche Erfolg“, erzählte eine Mutter. Wenn der Nachwuchs dem nicht entspricht, muss ein Wunder her. Deshalb wurde ich als kleiner Junge zum Heilpraktiker irgendwo bei Itzehoe geschleppt, der ansonsten auf das Besprechen von Gürtelrosen abonniert war. Er nahm regelmäßig meinen Kopf zwischen Arm und Brust und drehte ihn ruckartig um 90 Grad. Diese Tortur sollte die spastische Lähmung vertreiben. Die Wunderheilung versagte und ich kam nach einem Dutzend vergeblicher Versuche wider meiner Erwartung mit ungebrochenen Halswirbeln davon.

Im wöchentlichen Religionsunterricht der Hamburger Sonderschule Hirtenweg wurden wir Schüler mit Geschichten aus dem ‚Schild des Glaubens' traktiert. In diesem pädagogischen Standardwerk zur religiösen Erbauung standen die reich illustrierten Überlieferungen der christlichen Wunderheilungen im Mittelpunkt. Die Heilung des Lahmen, die Heilung des Blinden, die Heilung des Taubstummen, die Heilung des Epileptikers, die Heilung von Geschwüren – es nahm kein Ende, bis das Schuljahr vorbei war.

Eingerahmt von sinngebenden Merksätzen wie „Durch Hoffen und Stillsein werdet ihr stark sein" oder „Ob du musst gleich hier tragen viel Widerwärtigkeit, noch sollst du nicht verzagen, er hilft aus allem Leid" erfuhren wir behinderten Schüler, wie Wunder funktionieren. Untergejubelt wurden Werte wie Demut und Schuldbewusstsein. Im Unterricht hieß es: „Wer Sünde tut, der ist der Sünde Knecht.“ Dazu das passende Wunder: Jesus sei „auf Erden Sünden zu vergeben. Und er sprach zum Gelähmten: Ich sage Dir, stehe auf und hebe dein Bett auf und gehe heim. Und alsbald stand er auf vor ihren Augen.“ Die wie auch immer geartete Verfehlung ist vergeben und damit die Behinderung verschwunden. Dahinter steckt eine Botschaft, die schlechtes Gewissen garantiert, obwohl niemand aus der Schulklasse hätte sagen können warum.

Der Glaube versetzt Berge behauptete unsere Religionslehrerin. Die Berge waren uns ziemlich egal, aber niemand hatte gelernt, dass die Behinderung völlig in Ordnung sei. Im Gegenteil begegnete uns in fast jeder Episode die Gleichsetzung von Behinderung und Leid, von gut und böse. Deshalb beeindruckten uns tatsächlich biblische Geschichten wie diese: „In Lystra war ein Lahmer, der hörte Paulus reden; und Paulus merkte, dass er glaubte, ihm könnte geholfen werden. Er sprach zu ihm mit lauter Stimme. Steh auf deinen Füßen! Und er sprang auf und wandelte.“ 15)

Zwanzig Jahre später ging ich auf eigenen Füßen durch die Stadt – was kein Wunder war – und stolperte über die Ankündigung für einen „Segnungs- und Heilungs-Gottesdienst“ in einer Kirche in Hamburg-Eppendorf. Versprochen wurde Gesundung durch Fürbitte, Segnung und Handauflegen. Ich habe den zuständigen Pastor ironisch angeschrieben und gefragt, ob die Chancen auf ein Wunder jetzt zur Weihnachtszeit besonders gut stünden, wie die Erfolgsaussichten stehen für jemanden, der nur zu Taufen, Hochzeiten oder Beerdigung die Kirche betritt und wie nah – wie versprochen – ich dem Herrn denn käme? Die Antwort kam prompt und wider Erwarten im ernsthaften Ton: Bei entsprechender Demut und unbedingten Glauben sei die Hoffnung auf Heilung unerschütterlich gegeben.

Wiederum gute zwanzig Jahre später, es ist Herbst 2010, bemerke ich eher durch Zufall, dass der Malteser Hilfsdienst von April bis Oktober aus vielen Regionen Deutschlands Sonderzüge fahren lässt, die mit schwer behinderten Menschen und ihren Begleitern besetzt sind. Die meistens einwöchigen Reisen starten in Hamburg, Frankfurt oder München. Zielort: Lourdes.

Eine französische Künstlerin äußerte in einer TV-Dokumentation über Menschen mit ungewöhnlichen Sammelgewohnheiten, Lourdes sei der vielleicht verkommenste Ort in Frankreich, aber der unglaubliche Kitsch in allen Variationen ziehe sie immer wieder an. Diese Anziehungskraft jenseits des religiösen Glauben hat Tradition: Der berühmte französische Schriftsteller Émile Zola, dessen primäres Ziel die Darlegung politisch-sozialer Missstände war, setzte schon 1894 in seinem Zyklus ‚Die drei Städte' Lourdes an erster Stelle vor Rom und Paris. In diesem Roman beschreibt er realitätsnah die fünftägige Pilgerreise per Zug von kranken und behinderten Menschen mit ihren Hoffnungen und Enttäuschungen. Für seine Darstellung ohne Verklärung erntete Zola wütende Kritik.

Ganz anders erging es dem österreichischen Erzähler Franz Werfel. Er publizierte nach seiner Flucht in die USA 1941 den Roman ‚Das Lied von Bernadettte', der als Buch und kurz darauf als Film ‚made in Hollywood' sofort ein großer Publikumserfolg wurde – und bis heute immer wieder als Vorlage für (rührselige) erfolgreiche Verfilmungen der als Wunder deklarierten angeblichen Erscheinung der Mutter Gottes in Lourdes dient.

Jahr für Jahr reisen bis zu sechs Millionen Menschen nach Lourdes, darunter Zehntausende kranke oder behinderte Personen. Das 16.000 Einwohner Städtchen hat nach Paris die zweithöchste Zahl an Hotelbetten und Übernachtungen in Frankreich. Der Tourismus floriert. Immer wieder gibt es Meldungen von Wunderheilungen, die medizinisch nicht erklärbar sein sollen. 30.000 solcher Heilungen soll es bisher gegeben haben, 6.000 sind dokumentiert, 2.000 können Mediziner nach den Angaben der Wallfahrtsstätte nicht erklären. 16)

Nati Radtke aus der Behindertenbewegung beschreibt in ihren Erinnerungen eine Fahrt nach Lourdes als „Tour des Schreckens“. Sie erlebte sie als Fünfjährige:
„An die Grotte kann ich mich auch noch erinnern. Aber vor allem an das Bad. Wir gingen am nächsten oder übernächsten Tag zum geweihten Wasser. Meine beiden nicht behinderten Schwestern mussten vorsorglich auch mit. Männer und Frauen kamen in zwei getrennte Bäder. In einer Vorhalle mussten wir uns ausziehen bis auf die Unterwäsche. Danach wurde ich allein in eine Kabine gebracht. Da war eine große Badewanne und zwei Nonnen. Sie packten mich und rissen mir die Wäsche vom Leib und schmissen mich in die Wanne. Sie tauchten mich unter und ich glaubte, sie wollten mich ertränken.

Ich schrie wie am Spieß. Dann zogen sie mich an den Haaren hoch und drückten mein Gesicht an eine Figur der Mutter Gottes, ich sollte sie küssen. Dann stießen sie mich wieder unter Wasser. Das geschah dreimal."
„Später" - so fährt Nati Radtke fort – „nahm meine Mutter die Wunder-Aktionen in unserer nächsten Umgebung vor. (...) Ein Beispiel: Ich musste unter dem Grab des heiligen Georg in Bamberg durchkriechen, der für seine Wunderheilungen bekannt war. Dabei immer wieder ... die sehnsüchtigen Augen meiner Mutter. Und der Satz: ‚Kind, du weißt schon, was du dir wünschen musst.'"
Doch alle Versuche halfen nichts, das Wunder blieb aus und die Behinderung bestehen. Nati Radtkes rückblickendes Fazit: „Ich fühlte mich schuldig." Denn: „Es konnte nur an mir liegen". 17)

Schnee von gestern ist das nicht. In einem ‚Zeit'-Artikel, erschienen im Oktober 2010, notiert die Autorin, unterwegs in Lourdes als Begleiterin behinderter Kinder in einem Sonderzug der Malteser, dass ihr Schützling „ins Wasser getaucht wird und dann eine Statue der Maria küsst." Aber auch das Menschenbild der wohltätigen Pilgerin sollte von gestern sein – und ist es dennoch nicht. Als sie zu Reisebeginn am Bahnhof steht und beobachtet, wie die Busse aus zwei Heimen vorfahren und die Kinder langsam aussteigen, schreibt sie abfällig, als würde vor ihren Augen eine für sie abschreckende Freak-Show inszeniert:

„Manche Kinder sehen furchtbar aus. Die Arme sind zu kurz, die Köpfe zu groß. Manche stoßen laute Schreie aus, ein Mädchen wippt mit dem Oberkörper ununterbrochen und macht eine Verbeugung nach der anderen, wobei sie sich aufgeregt in die Hand beißt, eine kleine Gestalt sitzt auf dem Boden und dreht sich dauernd im Kreis." 18)

Je auffälliger die Behinderung, desto größer der wohltätige Verdienst. Die pilgernde Autorin gibt zu: Wenn sie von einer individuellen Lourdes-Reise erzählen würde, könnte sie sicher sein, ihre Bekannten würden sich an die Stirn tippen. Aber als sie vom Plan berichtet, mit behinderten Kindern die Wundergrotte zu besuchen, erntet sie Respekt. Also bucht sie den Sonderzug nach Lourdes. Die behinderten Kinder sind Vehikel zur eigenen Erbauung.

In Frankreich sind im Alltag wenig behinderte Menschen zu sehen. Der zentrale Platz in Lourdes gleicht jedoch tagein tagaus einem internationalen Sportfest von Leuten im Rollstuhl. Bei genauer Beobachtung allerdings mit einem zentralen Unterschied: Die behinderten Personen strotzen vor Passivität und Ergebenheit. Alle Aktivitäten sind abgegeben, man und frau setzt auf die vielen Helfer vor Ort. Überall die ‚barmherzigen Schwestern', die Nonnen, die wie Greifvögel hinter dem Rollstuhl hängen und mit ihrer ‚Beute' kreuz und quer über den Platz stolzieren.

Wer als behinderte Person durch Lourdes läuft, ist immer potenziell jemand, der auf Heilung hofft. Daran ändert auch der immense touristische Auftrieb samt Kitsch-Supermärkten nichts, in denen von Kegelsportvereinen die Mitglieder mit dem geschätzten Durchschnittsalter von 60 bis 70 Jahren – und deshalb fast alle mit Klappstühlen unterwegs – ihre Vereinskasse leeren. Wer dem gängigen Behindertenbild vor Ort widerspricht, wird nahezu verfolgt: Man soll vor dem Fotoapparat Hände schütteln oder mit jemanden ein paar Schritte machen, festgehalten von der Videokamera. Unvermutet kommt der Gedanke, da will sich wer die Exklusivrechte für die nächste Wunderheilung sichern. Denn in der Luft hängt ein permanenter Heilungsgeruch, der Unwohlsein provoziert. Um sich dem zu entziehen. hilft nur eines – die Abreise. Auf Wunder zu hoffen, ist das eine, zu Wundern gezwungen zu werden, das andere.

Nun gibt es Schlimmeres, als an Wunder zu glauben. Allerdings lässt sich die Konjunktur der Wunder mit dem realen Phänomen erklären, dass sich in den stets komplexer und komplizierter werdenden Alltagssituationen Menschen auf sich selbst zurückziehen und Verantwortung abgeben. Das muss nicht egoistisch sein, sondern kann der eigenen Selbstvergewisserung dienen. Wenn dabei aber die Nächsten aus dem Blick geraten, hat die Idee der Inklusion keine Chance.

Anmerkungen:

1) Wunder. Katalog zur Ausstellung der Deichtorhallen Hamburg und der Siemens-Stiftung, hrsg. von Daniel Tyradellis, Beate Henschel und Dirk Luckow, Hamburg 2011
2) Karl-Heinz Repp, Der Schatz aus dem ‚Wundersee'. In: Gesund. Beilage im Hamburger Abendblatt vom 20.August 2010
3) Frankfurter Rundschau vom 22.Februar 2013; Die Zeit vom 7.März 2013.
4) Überschrift zum Die Zeit-Beitrag/Rubrik ‚Wissen' von Ulrich Bahnsen, vom 15.Juli 2010
5) Frankfurter Rundschau vom 2.Mai 2013
6) Mathias Mesenhöller, Wunder(n) über Wunder. in: Geo, 01/2013, S.55
7) Frankfurter Rundschau vom 27.Oktober 2010
8) Max Rauner, Was suchen die da ? in: Die Zeit vom 16.Mai 2013
9) Zum Gedenken an Dr.h.c. Berta Bobath und Dr.med. Karel Bobath, hrsg. von der Vereinigung der Bobath-Therapeuten Deutschlands e.V., München 1991
10) Hermann Paul, Deutsches Wörterbuch, bearb.v. Werner Betz, Tübingen 1981
11) Klaus-Peter Horn, Die Wundertaten des heiligen Willehad in Bremen. in: Cordula Nolte, Sonja Kinzler (Hg.), Leibeigenschaften. Der beschädigte Körper im Blick der Vormoderne, Bremen 2012, S.90
12) Gabriela Signori, Wunder. Eine historische Einführung, Frankfurt/New York, 2007

13)Bernhard Albrecht, Inoperabel ? in: Geo 18/2010, S.148
14)Martin Spiewak, Aus Liebe zum Leben. in: Die Zeit vom 20.Januar 2011
15)vgl. Udo Sierck, Goldener Käfig a.D. - Identitätsfindung trotz Sonderschule. in: Christian Mürner, Udo Sierck (Hg.), Behinderte Identität ?, Neu-Ulm 2011
16)nach Frankfurter Rundschau vom 16.August 2010
17)Zitate aus ‚Krüppelzeitung', Mai 1983
18)Sophie von Maltzahn, Mein Wunder von Lourdes. in: Die Zeit vom 21.Oktober 2010

Inklusion :

'Röpers-Hof-Cafe'
&
'LOTTE'

Der Begriff der Inklusion löst regelmäßig den Wunsch nach Erklärung aus. Die Antwort mit neuen Schlagworten wie unbeschränkte Teilhabe, Partizipation, Autonomie oder Selbstbestimmung bleibt unbefriedigend. Das Nebulöse bleibt, weil Inklusion sich nicht endgültig definieren lässt. Inklusion ist vielmehr als ein stetiger Prozess zu verstehen, an dem sich zu beteiligen, Menschen die Chance haben müssen. Deren Unterschiedlichkeit prägen die Entwicklung und den Stand der Dinge zunächst in einem ganz begrenzten Umfeld eigener Aktivitäten. Deshalb ist es angebracht, statt aus 'zweiter Hand' Projekte vorzustellen, selbst aus zwanzig Jahren eigener Erfahrung zu schildern, wie der inklusive Gedanke für den Bereich der Arbeit aussehen könnte.

Im Jahr 1988 eröffnete in Hamburg das ‚Röpers-Hof-Cafe', dem nach Ablauf des Mietvertrages zehn Jahre später das Cafe und Restaurant ‚Lotte' folgte. Diese beiden Betriebe waren direkte Ergebnisse aus der Forderung der Krüppelbewegung: „Weg mit allen Sondereinrichtungen!!". Die selbsternannten Wohltäter rieben sich seiner Zeit die Augen und waren überzeugt: Ein von behinderten Menschen selbst organisiertes, selbst bestimmtes Wirtschaftsprojekt kann – ohne uns – nicht funktionieren. Es hat funktioniert und wurde für diese Leistung mit dem 'Senator-Neumann-Preis' für zukunftsweisende behindertenpolitische Initiativen in Hamburg ausgezeichnet. Bevor die Erfahrungen mit den Betrieben beschrieben werden, müssen einige Aspekte erwähnt werden, die erklären helfen, warum die Gastronomie in Eigenregie zunächst ungläubiges Staunen hervorrief.

****

Erinnert werden muss an die Krüppelfürsorge, die sich vor dem Ersten Weltkrieg organisierte. Sie war mit dem Grundsatz angetreten, aus Almosenempfängern Steuerzahler zu machen. Sie differenzierte von Anfang an in Jugendliche und Erwachsene, die mit normal Arbeitsfähigen mithalten konnten, in diejenigen, die zu Heim- und Werkstattarbeit fähig waren und in jene, die als völlig arbeitsunfähig galten und verwahrt bleiben sollten. Begleitend entwickelten Pädagogen und Mediziner das Fachgebiet der Krüppelseelenkunde mit der zentralen Behauptung: Eine körperliche Behinderung müsse zwangsläufig zu psychischen Deformierungen führen. Der Krüppel ist demnach krankhaft eitel, misstrauisch, verbittert, nachtragend, verantwortungslos, aber im Hass leicht zu vereinen.

Erfahrene Unterstützung durch die Entwicklung orthopädischer Hilfsmittel oder die Chance zur beruflichen Ausbildung verband sich so mit dem Erleben zusätzlicher Stigmatisierung und erneuter Ausgrenzung in Krüppelheimen. Ein Dilemma, aus dem sich nur die Berufstätigkeit als Ausweg anzubieten schien. Um den diagnostizierten bzw. unterstellten Beeinträchtigungen entgegen zu wirken, setzte sich in der Fachwelt die Überzeugung durch, dass Arbeit die beste Therapie sei. Der herrschende Arbeitsbegriff wurde übernommen, der Aspekt der Produktivität stand im Vordergrund. Die Arbeit wurde für die Erziehung zur Ordnung, Sauberkeit und Disziplin genutzt. Die Idee von Tätigkeit als Selbstverwirklichung spielte keine Rolle.

„Tat oder Tod“ – diese fatale Parole aus der Krüppelfürsorge in der Weimarer Republik bedeutete schon Anfang der dreißiger Jahre für die ‚unproduktiven’ behinderten Personen, dass ihnen jede Förderung verwehrt wurde und sie der einfachen Verwahrung überlassen blieben.

Hingewiesen sei darauf, dass die führenden Verfechter der Arbeitstherapie unter den deutschen Psychiatern in den Heil- und Pflegeanstalten eben auch Vertreter von Selektionsideen und aktive Praktiker von Zwangssterilisation und ‚Euthanasie' waren.

Im Frühjahr 1948 stand in einer Hamburger Zeitung ein Bericht über einen bettelnden Kriegsverletzten auf der Mönckebergstraße mit dem Resumee: „Können Sie das mit ansehen? Für diese Art von Menschen muß besondere Hilfe geleistet werden. Aber ich denke auch an die Menschen, die tagein, tagaus diesen Krüppel sehen müssen. Kann uns da nicht geholfen werden? Müssen wir dieses Elend immer wieder sehen?"

Dieses kurze Zitat formulierte in aller Offenheit, worum es in den folgenden Jahrzehnten ging. Behinderte Menschen erhielten Unterstützung, wurden aber fernab vom Alltag in Sondereinrichtungen versteckt. Und die eigene Abscheu blieb verdeckt mit dem gönnerhaften Angebot der Hilfe.

Entscheidend ist, dass sich Krüppelfürsorge und Rehabilitation von Beginn an als eine Institution konstituiert hat, deren Träger die Definitionsmacht darüber haben, welche physischen und psychischen Möglichkeiten eines Menschen ‚brauchbar' sind und welche nicht. Für kranke, behinderte oder erschöpfte Personen gilt seither als notwendige Voraussetzung für den Erfolg einer Maßnahme oder einer Beschäftigung im Netz der Rehabilitation, dass sie sich der Verfügung über jeden Bereich ihrer psychischen Identität unterordnen und der Enteignung ihrer Körper zustimmen.

Dabei decken sich manche Anforderungen mit Wünschen und sozialen Bedürfnissen behinderter Menschen. Sie wollen ‚dazugehören' und nehmen den Anpassungsdruck mehr oder weniger bereitwillig hin. Sicher ist, dass behinderte Menschen in der Vergangenheit wie in der Gegenwart fast keine selbst geschaffenen Freiräume besitzen, in denen sie entwickeln können, was sie wollen. Die historisch gewachsenen Formen der institutionellen und sozialen Aussonderung bedingen eine Sprachlosigkeit und Handlungsunfähigkeit, die mit den tatsächlichen geistigen oder körperlichen Besonderheiten nur wenig zu tun haben, aber in die Denkschablonen über ‚die Behinderten' passen.

Mit diesen Traditionslinien und ganz konkreten Situationen der Sonderbehandlung in Institutionen von der 'Wiege bis zur Bahre' war die junge politische Behindertenbewegung konfrontiert. Gegenteilige Ansätze wurden von der Fachwelt gern als bloße Theorie abgetan. Das galt insbesondere für die Manager der Werkstätten für Behinderte (wie diese Sondereinrichtungen seinerzeit hießen). Deren Logik war schlicht: Was es außer ihnen nicht gab, konnte es nicht geben. Es blieb nichts anderes übrig, als mit einem konkreten Projekt die erfolgreiche Umsetzung von der Theorie in die Praxis zu beweisen.

****

Initiatorin der Betriebe 'Röpers-Hof-Cafe' und 'Lotte' (benannt nach dem borstigen Fisch Seeteufel, der auf französisch la lotte heißt) war Nati Radtke, von Beginn an Mitwirkende im 'Autonom Leben'. Dieser Verein bildete schon früh den Hamburger Part der Selbstbestimmt-Leben Bewegung. Dieser Hintergrund hat einige grundsätzliche Regeln in diesen Betrieben bestimmt.

Zuerst galt die Festlegung, dass die Geschäftsführung aus behinderten Personen besteht. Diese Notwendigkeit unterstreicht folgende Episode:

Drei Leute des Cafes standen vor dem Eingang. Ein Passant kam mit einer Frage und stellte sie zuerst dem nicht behindert aussehenden Mann. Als der Fragesteller merkte, dass der Angesprochene nicht hören kann, wendete er sich schnell an die Frau, die im

Rollstuhl sitzt. Nachdem auch die keine Antwort wusste, sprach er zuletzt den dritten Kollegen an, offensichtlich ein Spastiker (der auch keinen Rat wusste). Die Szene dokumentiert, dass der übliche Fragesteller zuerst die nicht behinderte Person sucht und in der Folge die Behindertenhierarchie verfolgt und bestätigt. Dieser Automatismus wurde durch die Struktur in der Geschäftsführung gebrochen. Gleichzeitig war damit für die Bankangestellten, Lieferanten und Gäste angezeigt: Hier haben behinderte Menschen das Sagen. Die Irritationen bei der Suche nach dem Ansprechpartner mündeten in einen unterschiedlich langen Lernprozess, der aber regelmäßig in der Selbstverständlichkeit endete.

In beiden Cafes & Restaurants spielte bei der Arbeitsplatzvergabe gezielt die übliche Behindertenhierarchie keine Rolle, es waren zu keinem Zeitpunkt Betriebe nur für körperbehinderte Personen. Im Laufe der zwanzig Jahre hatten alle ihren Job: Frauen und Männer mit mehr oder weniger großen psychischen oder geistigen Problemen, ob klein oder mit einer Querschnittslähmung, ob Personen mit einer Diabetes oder ohne Gehör. Ausschlusskriterien aufgrund von körperlichen, psychischen oder geistigen Besonderheiten gab es vom Grundsatz her nicht. Ob jemand in das Team passte, sollte sich erst im Arbeitsalltag zeigen. Bei dieser Herangehensweise ließ sich begründen, warum jemand für eine zugedachte Tätigkeit – und das kam vor – nicht geeignet war.

Regelmäßig wurde versucht, den Arbeitsplatz an die Fähigkeiten einer Person anzupassen und nicht umgekehrt. Deshalb fehlten die strikt abgegrenzten Aufgabengebiete: Die Buchhalterin half in der Küche, die Putzkraft fuhr mit zum Einkauf, die Geschäftsführung half beim Sortieren der Flaschen. Trotz mancher Reibereien hat das funktioniert, weil in diesen Cafes und Restaurants darauf geachtet wurde, das jemand mit offensichtlichen Schwächen trotzdem Wertschätzung erhielt.

In beiden Betrieben arbeiteten nicht behinderte und behinderte Personen zusammen. Für die nicht behinderten Mitarbeiter und Mitarbeiterinnen bedeutete dies, jede Behinderung akzeptieren zu müssen (was selbstverständlich nicht für manche Charaktereigenschaften zu gelten hatte!). War dies nicht der Fall, musste trotz aller Qualifikationen der Arbeitsplatz gewechselt werden. Dieses Vorgehensweise stärkte das Selbstbewusstsein und die Sicherheit bei den behinderten Angestellten.

Eine weitere Regel hatte über die zwanzig Jahre Bestand: Alle Festangestellten erhielten tarifliche Entlohnung. Das galt auch für jene, die den Stempel 'werkstattfähig' trugen. Im Vordergrund stand – in Grenzen – nicht die Produktivität einer Arbeitskraft, sondern der Eindruck, dass jemand leistet, was er kann. Um diesen Ansatz plausibel umzusetzen, galt zwei Jahrzehnte der letzte Grundsatz: Es gab keinen betrieblichen Schonraum für die behinderten Angestellten. Die anzutreffende Haltung 'Ich bin behindert, ich kann das nicht' wurde nicht als unumstößlich hingenommen. Im Ergebnis lässt sich behaupten, dass bei fast allen länger beschäftigten behinderten Frauen und Männern durch die ermutigenden Erfahrungen in der Arbeit die Persönlichkeit bis in den privaten Bereich hinein gestärkt wurde.

Das 'Röpers-Hof-Cafe' und 'Lotte' waren als GmbH gegründete Betriebe. Das heißt, es waren Wirtschaftsbetriebe, die sich auf dem gastronomischen Markt behaupten mussten. Nach den gesetzlich geregelten Anfangsfinanzierungen durch Sozialbehörde und Arbeitsagentur für die Schaffung von Arbeitsplätzen für behinderte Menschen musste jede Mark und jeder Euro erwirtschaftet werden. Diese Realität zu erkennen war ein schmerzhafter, aber notgedrungen schneller

Prozess. Denn neben der politisch zündenden Idee fehlte es den Initiatoren als Informatikerin und Bibliothekar anfangs am betriebswirtschaftlichen Wissen. Sie hatten getreu dem Motto von Erich Kästner – „Es gibt nichts Gutes. Außer man tut es." – einfach mal damit angefangen, einen theoretischen Gedanken in die Tat umzusetzen. Der permanente ökonomische Druck führte zur Gratwanderung zwischen Anspruch und Wirklichkeit. Denn Gäste erwarten schnelle Bedienung und die Erfüllung ihrer Wünsche in erhoffter Qualität. Diese Erwartungen mussten erfüllt und entsprechendes Personal ausgewählt werden, ohne die Idee zu vernachlässigen, auch Menschen zu beschäftigen, die ansonsten nur die Perspektive der Werkstattarbeit besaßen. Dass dieser Spagat insgesamt gelungen ist, ist nicht nur in den Anfangsjahren dem Engagement der Initiatorin zu verdanken. Denn es sollte die politische Behauptung bewiesen werden, dass Betriebe dieser Art machbar sind. Das ist gelungen, beide Cafe & Restaurant-Betriebe sind Vorbild geworden für ähnlich strukturierte Projekte (mit dem Unterschied, dass die 'Macher' aus der Sozialarbeit kommen). Anzumerken bleibt, dass die Stadt Hamburg mit ihrem Bezirk Altona den inklusiven Betrieb 'Lotte' durch die Nichtverlängerung des

Mietvertrages in einem städtischen Gebäude 2008 beendete.

Im Sinne der Inklusion bleibt festzuhalten, dass sowohl das 'Röpers-Hof-Cafe' in einem gutbürgerlichen Stadtteil als auch 'Lotte' in einem ärmeren Viertel von Nachbarn und Bewohnern als eine gastronomische Institution gesehen wurde. Von einem Behindertenprojekt mit der mitschwingenden Unterstellung, dass im Hintergrund die Fürsorge die Finger im Spiel hat, war keine Rede. Gesehen wurden zwei beliebte Cafes und Restaurants für ein buntes Publikum, Behinderungen spielten schnell keine besondere Rolle mehr. Und nebenbei wurde das verbreitete (und selbst verfestigte) Bild vom behinderten Menschen, der ständig fordernd bittet – „Ich will dabei sein!" – umgedreht: Statt der Forderung nach Teilhabe stand das Angebot zum Besuch.

Dieser Effekt, dass pauschale Urteile über behinderte Menschen gebrochen wurden, stellte sich ebenso intern ein. Dabei spiegelte die gesamte Belegschaft eine Vielfalt der Kulturen wider. Ein Koch aus Thailand arbeitete neben einer Kollegin aus Rumänien, die Künstlerin aus Südafrika jobbte mit der Servicekraft aus Kolumbien, der Student aus Bremen servierte mit der Schulabgängerin aus Hamburg. Die Beispiele ließen sich fortsetzen. Wesentlich bei dieser Vielfalt war, dass sich eine Behinderung auf ein Merkmal unter vielen reduzierte. Innerbetriebliche Konflikte hatten in keinem Fall eine Behinderung zum Gegenstand.

Begründet in den differierenden kulturellen und sozialen Hintergründen trafen diverse Denkstrukturen mit hierarchischen Mustern aufeinander. Genannt seien in Stichworten Ansichten und Überzeugungen über Mann und Frau, behindert und nicht behindert, gläubiger Moslem und Atheist, Beschäftigte mit unterschiedlichen Hautfarben, Lesben und Heteros. Die gegenseitige Akzeptanz trat nicht plötzlich mit dem Antritt des Arbeitsplatzes ein, sondern musste erarbeitet werden. Diesen Wert zu erreichen und zu bewahren, hat den Initiatoren von beiden Betrieben viel Energien gekostet. Dies war jedoch der Überzeugung geschuldet, dass Integration und Inklusion behinderter Menschen wenig Sinn machen, wenn andere Ausgrenzungsmechanismen bestehen bleiben. Dazu bedarf es des Blicks über den behindertenpolitischen Tellerrand hinaus.

Die komplexe Aufgabe bestätigt aber auch, dass Inklusion in diesem Sinne zunächst tatkräftige Streiter mit der Fähigkeit benötigt,

Differenzen zu moderieren. Ob es davon genug gibt, ist eine offene Frage. Das Ergebnis des Engagements war jedenfalls, dass die Gäste eine hierarchiefreie Zone besuchten und sich ihrerseits ungezwungen wohlfühlten. Letztendlich ist dies das Geheimnis des Erfolges beider gastronomischer Betriebe mit einem Publikum von jung und alt, arm und reich, alternativ und bürgerlich.

Der Arbeitsalltag in 'Röpers-Hof-Cafe' und 'Lotte' hat gezeigt, was mit Inklusion gemeint sein könnte: ein fortwährender, nicht immer harmonischer Prozess in einem überschaubaren Rahmen, in dem Unterschiedlichkeiten bestehen bleiben, das Recht auf Anderssein aber die Rechte der Anderen zu berücksichtigen hat.

Schluss

Der im März 2013 von fast achtzig behindertenpolitisch involvierten Vereinen, Verbänden, Gewerkschaften und Fachgesellschaften vorgelegte so genannte Schattenbericht zur Umsetzung der Behindertenrechtskonvention in Deutschland belegt: Ob Schule, Arbeit, Wohnen, Freizeit oder Selbstbestimmung - die Realisierung der gültigen Vorgaben ist nicht in Sicht. Der Schattenbericht der beteiligten Nichtregierungsorganisationen, der die offizielle Stellungnahme der Bundesregierung für den UN-Ausschuss für die Rechte von Menschen mit Behinderungen in Genf kommentieren soll, bleibt dabei auf achtzig Seiten im üblichen Schema politischer Auseinandersetzungen stecken: Ein Defizit wird benannt und dazu die richtige Forderung aufgestellt, einem dargestellten Mangel wird mit der korrekten Forderung begegnet, diskriminierende gesetzlichen Vorgaben werden mit den notwendigen Forderungen beantwortet. 1) Das wirkt selbst in der Kurzfassung ermüdend.

In anderen Zusammenhängen werden indes provokante Überlegungen angestellt, die nach Antworten verlangen. In einem Essay über Fragen der Gerechtigkeit benennt die

Philosophin Martha Nussbaum von der Universität Chicago Themen, die sie als „Grenzgebiete" sieht: Dazu zählt Nussbaum „die Frage nach der Gerechtigkeit gegenüber Menschen mit Behinderungen physischer und kognitiver Natur. Auf diese Personen passen die alten Theorien einfach nicht, da sie die Menschenwürde allzu oft an der Vernunft festmachten; auch stützten sie sich auf den Gedanken einer Kooperation zum 'beiderseitigen Vorteil'. Und mit diesem Gedanken im Hinterkopf ist es schwer zu sehen, was wir durch eine umfassendere Einbeziehung von Behinderten zu 'gewinnen' hätten."2)

Nussbaum lässt diesen Gedankengang in ihrem Aufsatz unkommentiert stehen. Für die Idee der Inklusion ist er eine Provokation. Eine Provokation allerdings, die formuliert, was – so ist zu befürchten – nicht nur Wenigen im Hinterkopf herumschwirrt: Welchen Nutzen bringt denn die Inklusion, wenn manche behinderte Menschen keinen anerkannten Gegenwert einbringen?

Die UN-Behindertenrechtskonvention setzt diesem Nützlichkeitsdenken den Wert der Menschenrechte entgegen, die absolut und unteilbar sind. Willehad Lanwer, Professor für Inclusive Education an der Evangelischen

Hochschule Darmstadt, fasst zusammen, was darunter zu verstehen ist: „Hinter dem Begriff der Menschenrechte verbergen sich universelle, egalitäre, unbedingte bzw. kategorische sowie subjektive bzw. individuelle Rechte, wobei ich im Sinne von Kant unter Rechten das Vermögen verstehe, andere zu verpflichten. Das Universelle im Begriff der Menschenrechte bedeutet, dass es sich um Rechte handelt, die für alle Menschen gelten sollen. Unter der Egalität der Menschenrechte ist zu verstehen, dass die Geltung der Rechte für alle Menschen in gleicher Weise erfolgen soll. Die dem Begriff der Menschenrechte innewohnenden unbedingten bzw. kategorialen Rechte besagen, dass keine Vorleistungen zur Inanspruchnahme erbracht werden müssen als nur die, Mensch zu sein und das heißt zur Menschheit zugehörig zu sein. Schließlich sind die Menschenrechte insofern subjektive bzw. individuelle Rechte, als dass nur jeweils einzelne Menschen Trägerinnen/Träger von Menschenrechten sind.

Bei den Menschenrechten handelt es sich um Grundrechte, d.h. um Abwehr- und Schutzrechte, deren Trägerinnen und Träger alle Menschen sind und die an die Adresse der Repräsentanten der staatlichen Gewalt gerichtet sind." 3)

Um dieses Verständnis auf eine gesellschaftliche Basis zu stellen, muss der oft vernachlässigte Artikel 8 der UN-Konvention in den Mittelpunkt rücken. In diesem Artikel unter der Überschrift 'Bewusstseinsbildung' geht es um den Abbau von Klischees, Vorurteilen und abwertenden Einstellungen gegenüber Menschen mit Behinderung in allen Lebensbereichen. Die Anerkennung und Förderung von Rechten und die Achtung der Würde wird hervorgehoben. Gelingt in diesem Sinne eine Veränderung im Denken – was immerhin nicht auszuschließen ist –, bleibt das Wirken für inklusive Ansätze nicht länger das Interesse einer Minderheit der irgendwie Beteiligten.

Anmerkungen:

1) BRK-Alliannz (Hg.), Für Selbstbestimmung, gleiche Rechte, Barrierefreiheit, Inklusion!, Berlin 2013
2) Martha Nussbaum, Was ist Gerechtigkeit ? in: Was ist das gute Leben ?, Die Zeit, Beilageheft Philosophie, Juni 2013
3)Willehad Lanwer, Menschenrechtserklärungen sind keine Gleichgültigkeitserklärungen, in: Behindertenpädagogik, 2/2013, S.176f.

Angaben zum Autor:

Udo Sierck, Dozent und Publizist, langjähriges Redaktionsmitglied der 'Krüppelzeitung', zusammen mit Nati Radtke Geschäftsführer vom Cafe & Restaurant 'Lotte' in Hamburg. Zahlreiche Veröffentlichungen u.a.: Das Risiko nichtbehinderte Eltern zu bekommen, München 1989; Arbeit ist die beste Medizin, Hamburg 1992; Normalisierung von rechts, Hamburg 1995; zusammen mit Christian Mürner: Krüppelzeitung, Neu-Ulm 2009; Behinderte Identität, Neu-Ulm 2011; Behinderung. Chronik eines Jahrhunderts, Weinheim/Basel 2012
www.UdoSierck.de

Angaben zur Illustratorin:

Nati Radtke, arbeitet als kreative Kunst- und Leibtherapeutin und freie Künstlerin, studierte Informatik und Kinderbuchillustration, von 1988 bis 2008 Geschäftsführerin vom 'Röpers-Hof-Cafe' und vom Cafe & Restaurant 'Lotte' in Hamburg; zahlreiche Ausstellungen in Norddeutschland, Veröffentlichung u.a.: Würde, Behinderung und die Kraft des Eigensinns, Ausstellungskatalog, Gnutz 2011
www.NatiRadtke.de

AG SPAK Bücher
BEHINDERUNG und GESELLSCHAFT

Christian Mürner / Udo Sierck

Krüppelzeitung

Brisanz der Behindertenbewegung

ISBN 978-3-930830-80-0 , 2009 , 184 S. – 16 €

Die erste „Krüppelzeitung" erschien vor 30 Jahren. Von 1979 bis 1985 wurden genau 14 Nummern veröffentlicht. Die Ausgaben der „Krüppelzeitung" bilden eine einzigartige Quelle und eine vielfältige Fundgrube. Sie dokumentieren die Brisanz der Behindertenbewegung. Sie kennzeichnen deren Geschichte genauso wie die Bedeutsamkeit für die Gegenwart. Die erste Krüppelgruppe hat sich 1977 in Bremen gegründet, die in Hamburg ein Jahr später. Die „Krüppelzeitung" wurde ihr Diskussionsforum. Mit Normalität und Bevormundung sollte gründlich gebrochen werden. „Krüppel" wurde als Begriff provokativ der abschätzigen Alltagssprache entwendet. „Krüppel" stand für eine autonome Position der Behindertenbewegung. 30 Jahre Krüppelbewegung – wo ist sie gelandet? Das Buch zeichnet die Komplexität und zentrale Aspekte der ursprünglichen Behindertenbewegung nach. Die soziale, politische und pädagogische Dimension dieser (vergangenen) Bewegung führt über eingeschliffene Standpunkte hinaus. Es wäre ein Missverständnis, wenn man glaubte, dass aufgrund des herausfordernden Titels – „Krüppelzeitung" – vereinfachte Ansichten folgten. Das Gegenteil ist der Fall. Für eine Bilanz der Behindertenbewegung ist es zu früh, denn die Themen sind noch immer aktuell, sie lassen sich differenziert und selbstkritisch ausgestalten.